阅读成就梦想……

Read to Achieve

SMART

金融创新

重塑未来世界的智财

[英] 安德鲁·帕尔默（Andrew Palmer）◎ 著

郭杰群 草沐 ◎ 译

MONEY

HOW HIGH-STAKES FINANCIAL INNOVATION
IS RESHAPING OUR WORLD—FOR THE BETTER

中国人民大学出版社

· 北京 ·

互联网金融丛书序

Smart Money

How High-Stakes Financial Innovation is Reshaping Our World—For the Better

从二十世纪末开始，以互联网为代表的信息技术呈现快速发展的势头，也给人们的生产和生活方式带来巨大的改变。在金融领域，互联网技术和金融业务的结合产生了我们称之为“互联网金融”的产品和业务模式。从目前的发展来看，“互联网金融”大致可以划分如下四类：传统金融业务的互联网化，基于互联网平台开展金融业务，全新的互联网金融模式，以及金融支持的互联网化。

第一类：传统金融业务的互联网化。包括互联网银行，也叫直营银行（Direct Banking）；互联网券商，也叫在线折扣券商（Online Discount Brokerage）；和互联网保险。直营银行的主要特点是没有物理营业网点，依靠互联网、电话和 ATM 机等手段提供服务。直营银行发源于欧美，是利率市场化和互联网技术发展的直接结果，目前在美国最为发达。如果从独立法人资格、基本没有营业网点以及在美国联邦存款保险公司投保的标准来看，美国总共有 16 家直营银行。虽然直营银行发展迅速，但是美国的直营银行无论是存款总额还是资产总额都只占美国银行业的不到 5%，总体上还没有对传统银行业造成很大的影响。但是经过 20 多年的摸索，应该说直营银行开始显现出清晰的商业模式和迅猛的发展势头。以在纳斯达克上市的直营银行 BOFI 为例。BOFI 于 2005 年上市，股价在 2010 年前几乎没有太大变化。而从 2010 年至今，在业绩的带动下，其股价翻了 8 倍，已拥有 100 多家机构投资者，这也从另一方面说明直营银行的商业模式开始得到认可。

在线折扣券商的发展也是以美国为代表，是在 70 年代美国证券交易佣金自由化与互联网技术发展相结合的背景下产生的。在线折扣券商以极低的佣金吸引客户，并在此基础上向客户提供财富管理服务，在混业经营的背景下，美国的不少折扣券商也开展直营银行的业务。例如嘉信理财集团（Charles Schwab）和 E*Trade 都有银行牌照并提供直营银行业务，但是嘉信理财集团本身也有实体营业网点，而 E*Trade 则是相对纯粹的互联网折扣券商。以美国二十多家在线折扣券商的情况来看，虽然各自在佣金费率、交易工具、研究支持和客户服务等方面各不相同，但是总体的特点是佣金费率低而且收入呈现多元化趋势，主要体现在佣金收入下降、资产管理收入和直营银行收入上升等。

互联网保险在初期主要是指直营保险（Direct Insurance），即基于互联网销售车险和财险产品的业务模式，在欧美各国均有不同程度的发展。在美国，直营保险的代表为 Progressive 和后来被 Allstate 收购的 Esurance。从全球各国的发展情况来看，目前比较突出的互联网保险的创新模式有检测驾驶习惯的传感器结合里程数的互联网车险创新，有基于移动端应用健康数据的互联网健康险创新，以及基于社交网络的互联网保险营销创新。总体上看，互联网保险的商业模式似乎仍在探索之中。

目前在我国，这类互联网金融模式的发展主要还体现为网上银行、证券网上交易以及保险产品的网络和电话销售，众安保险作为第一家互联网保险公司以及前海微众银行作为第一家互联网民营银行开始了积极探索。

第二类：基于互联网平台开展金融业务。这里的互联网平台包括但不限于电子商务平台和互联网第三方支付。这类互联网金融模式主要表现为在网络平台上销售金融产品，以及基于平台上的客户信息和大数据面向网上商户开展的小额贷款和面向个人开展的消费金融业务。前者的典型代表包括早期的 Paypal 货币市场基金和近期发展迅猛的余额宝，也包括众多金融机构在淘宝上开设的网店以及专门销售基金等金融产品的第三方网站和手机应用。后者的典型代表包括阿里小贷和京东白条，以及美国的 Kabbage 和 Zestfinance。需要指出的是：阿里小贷和京东是基于自己平台的客户开展业务，而 Kabbage 则是完全基于第三方平台的客户信息和全网络数据对网商进行放贷，Zestfinance 更是利用大数据开展金融业务的典范。该公司采用机器学习的方法和复杂的统计手段对大数据进行分析，专门面向美国不能享受银行服务的人群（Unbanked and Underbanked）提供贷款业务。应该说，大数据的发展及其在信用风险模型上的应用，使银行和非银行的贷款业务进入了一个“技术含量较高”的阶段。难怪著名的问答网站 Quora 上有句著名的评论：“未来的银行只是有银行牌照的技术公司！”

从目前的发展情况来看，上述两类互联网金融模式只是现有金融业务的补充，说颠覆还为时尚早。互联网银行规模尚小，互联网券商仅仅是提高了获客和交易的效率。阿里小贷和 Kabbage 主要面向小微企业，Zestfinance 主要面向传统金融没有覆盖的个人等，做的也都是传统银行不做的业务，还不至于很快动摇传统金融的根基。

第三类：全新的互联网金融模式，主要是指 P2P 网络贷款和众筹融资。 在美国，P2P 网络贷款的先锋是分别于 2006 年和 2007 年成立的 Prosper 和 LendingClub。这两个网络贷款平台开启了基于互联网的、个人对个人的金融交易时代。这种去中心化的小额借贷平台一推出就受到了普通民众的广泛欢迎。在跟美国证交会进行了深入的沟通之后，用来作为交易载体的本票最终被认定为证券，因此确定了美国证交会作为 P2P 主要监管机构的地位。这样一来，

P2P 平台就必须在证交会注册并必须如同发行股票一样进行严格的信息披露。可以说，注册和信息披露构成了美国 P2P 行业的进入壁垒。这个进入壁垒，连同完善的个人信用体系，以及完备的证券、借贷和消费者保护方面的法律，构成了保障 P2P 健康发展的三驾马车。Prosper 和 LendingClub 目前都发展顺利，其中 LendingClub 的累积交易总额已经超过了 60 亿美元并成功上市。

在美国，既有 LendingClub 和 Prosper 这样的综合型 P2P 平台，也有 Sofi 这样专门服务于高校学生而投资人限定于合格投资者的所谓垂直型的 P2P 平台。当然我们也看到综合型平台也开始在借款端引入中小企业，而在投资端引入越来越多的机构投资者。从我们在 2014 年夏天对美国互联网金融的考察来看，P2P 网络借贷并没有在美国经济生活中引起很大的波澜，很多人包括华尔街的从业人员甚至都没有听说过 LendingClub，这可能是因为美国已经形成了多层次的资本市场和高度发达的金融服务体系。随着 P2P 在欧美地区和其他各国逐渐发展，在中国也已经形成燎原之势，目前已经有接近 2 000 家 P2P 平台投入运营。P2P 在我国的迅猛发展，是跟我国金融环境一直以来的高度管制以及民间金融的规模巨大是分不开的。与此同时，监管机构也在积极制定法规防范风险的发生和扩大，但是由于国内还没有建成完善的个人征信体系，P2P 平台面向个人借贷的服务会遇到很大的瓶颈，而那些面向特定资产的、对投资者资格也有所限定的细分市场的 P2P 平台倒是有可能脱颖而出，成为初期发展阶段的赢家。

众筹融资的英文是 Crowdfunding，是指基于互联网面向公众为产品特别是创意产品进行融资的平台。众筹模式最早出现在美国，代表平台为 Kickstarter 和 Indiegogo。众筹融资的方式包括债权、股权、捐赠和预购。其中，债权融资可以通过 P2P 平台进行，股权融资由于受限于美国证券法对于公开募集和人数的规定也很少进行。因此，除了有少量的捐赠融资之外，目前众筹融资的主要方式还是产品的预购。目前，全球已经出现了数百个众筹平台，大部分集中在欧美国家。在这些众筹平台中，Kickstarter一枝独秀，已完成的累积融资额超过15亿美元。

众筹模式的相应监管又是怎么样的呢？2008年金融危机之后，美国政府一直在努力寻找走出危机的途径，其中的重点之一就是为中小企业融资提供更加宽松的环境和条件。众筹平台在这样的背景下出现，并很快引起了国会和监管层的关注。在经过了一系列的努力之后，奥巴马政府在2012年4月颁布了《促进创业企业融资法案》（*Jumpstart Our Small Business Act*，简称JOBS法案）。该法案第三章专为众筹制定，修改了证券法，使得通过互联网面向公众的股权融资成为可能。因此我们可以看出：美国对P2P的监管完全采用了现有的法律，而对众筹的监管则是制定了新法。这反映了金融监管的原则性和灵活性，值得我们借鉴。

我国在2011年开始出现了第一拨众筹网站，到目前也发展到了几十家，但是总体形势可以说是不温不火，主要是因为股权众筹的运作模式跟我国的证券法也有冲突，更重要的是，初创企业的高风险特征跟我国普通投资者低水平金融普及教育程度、风险认知程度以及较低的风险承受能力从根本上是错配的，因此我国股权型众筹的出路在于建立合格投资者制度和投资者进入门槛。而对于预售型众筹，大众的接受可能也需要一个过程，这跟我国的创意产业不发达、信用体系不完善以及知识产权保护不到位都有关系。一些众筹平台开始推出基于“粉丝经济”的众筹项目，或许是个好的尝试，同时类似于P2P，那些针对界定清晰的创意产品细分市场的预售型众筹平台有可能率先成长起来。

国内的P2P和众筹平台出现得都不算晚。P2P的代表平台有2007年创办的拍拍贷和之后的人人贷，众筹的代表平台有2011年创办的点名时间和之后的天使汇、众筹网等。但是，由于国内信用体系的不健全以及监管的未及时到位，P2P平台出现了诈骗、破产等风控缺位和运营不善所带来的诸多风险。因此，信用体系的建设和监管的及时到位已经成为我国 P2P 网络贷款发展的当务之急。不同于 P2P，众筹在我国还处于非常早期的发展阶段，众筹平台的发展和监管还在摸索之中。令人欣慰的是，中国证券业协会于 2014 年 12 月发布了《私募股权众筹融资管理办法（试行）（征求意见稿）》，在互联网金融监管方面迈出了可喜的一步。但是不管是 P2P 还是众筹，在我国要达到成熟运行的阶段还都有很长的路要走。

第四类：金融支持的互联网化。前三类互联网金融模式在本质上都属于金融业务，也都需要监管。而这类互联网金融模式不属于金融业务，它们起到了为金融业务提供“支持”的功能，包括但不限于：金融业务和产品的搜索，比如美国的 Bankrate 和我国的融 360；家庭理财服务，比如美国的 Mint、Personal capital 和我国的挖财网；理财教育服务，比如美国的 Learnvest、Daily worth 和我国的家财网；金融社交平台，比如美国的 eToro、Seekingalpha 等。这些网络平台虽然不提供金融服务，但是却能够大大提升人们对于金融产品和业务的认知，从而提高金融体系的运营效率，也是互联网金融的重要组成部分。

互联网改变了我们认识世界和变革世界的方式。在改变了传媒、商业等诸多领域之后，互联网也正在深刻地改变着金融业。在变革来临之际，顽固不化和狂妄自大都是不可取的。面向不可预知的未来，我们应该满怀敬畏。在这样一个变革的时期，观察、学习和思考变得非常必要也非常重要，基于这样一个理念，我们策划出版了互联网金融新知丛书和互联网金融案例丛书，这个工作由基于清华大学五道口金融学院建设的清华大学国家金融研究院下属的两家研究机构，亦即互联网金融实验室和阳光互联网金融创新研究中心共同承担。

让我们共同关注与推动互联网金融在中国的发展！

清华大学五道口金融学院常务副院长廖理教授

推荐序

Smart Money
How High-Stakes Financial Innovation is Reshaping Our World—For the Better

为什么说金融创新重塑未来世界

一个国家的改革成败，可能命系于金融创新，但公众对其一知半解。

日本明治维新时期，武士阶层是最大的不稳定因素。新的改革正在蚕食这个阶层的利益。维新之始，武士叛乱不断。

1870 年维新政府为 30 万武士发行了武士债券。到 1882 年，日本的银行有四分之三的股票由这些武士债券转换而来。武士分享了日本现代化的部分红利，日本由此更快走上现代化之路。武士债券成为金融创新史上推动社会进步和改革的成功案例。

金融创新也有败笔。俄罗斯休克疗法时，由哈佛大学教授杰弗里·萨克斯设计的为每位俄罗斯人无偿分配发行的国企权益凭证最终低价回流到寡头手中，改革最后失败。

几百年来金融创新不畏成败，勇往直前。没有金融创新，就没有现代世界。银行的出现，股份制的发明、债券的设计、证券市场的构想、保险的推出，这些金融创新，在历史上无不推动现代世界的构建。

直到 2008 年金融危机，金融创新获得了恶名，光环尽褪。

CDS、CDO 原本有可能成为华尔街历史上伟大的产品，金融创新历史上皇冠上的明珠，最后功亏一篑。在产品设计上，与休克疗法的失败有异曲同工之处。逆向选择和道德风险是金融创新一开始就应该考虑和避免的。

作为按揭贷款资产证券化的结构性产品，CDS 和 CDO 原来并不复杂：把成千上万的家庭住房按揭贷款从银行剥离出来，打包变成标准化产品，然后在金融市场上流通。产品设计看上去非常完美：银行可以腾出更多能力为其它家庭贷款；更多家庭享有居者有其屋权利；华尔街有了更多可交易的收益性和流动性俱佳的资产。

基于大数定律，风险分散是金融创新非常重要的原则。华尔街行事虽然大胆而贪婪，但并不笨。CDS 和 CDO 之所以被推崇是因为设计看上去无懈可击：不仅底层资产非常分散（千家万户追求美国梦的家庭）；而且依据经验，按揭揭贷款违约率一直非常低；在产品结构性上，进行优先和劣后分层；最后风险评级很高，在经验和数理逻辑上都行得通。

完美的金融创新，为何还是酿成大祸？

产品的设计者和市场忽视了银行家和家庭购房者逆向选择和道德风险。对于银行而言，贷款既然可以转让，就没有必要像过往那样出于审慎的原则认真甄别购房者是否合格；对于家庭购房者，零首付也可以购房，房价还继续上涨，不买白不买。

跨期交易是金融创新的思想灵魂，于我们每个人的人生又何其相似。在年轻的时候，有人力资本，但缺少金融资本，年老时则相反。放大到整个社会犹然。杠杆，即债务，是帮助你进行人生规划、跨期交易的重要工具。

2008 年之前，许多美国家庭，错误的进行了人生的跨期交易，在不自量力之后，无法支付按揭时，弃房而去。房价下跌，带来更多的违约，市场终于在雷曼兄弟倒下之后崩溃。

金融创新起于高楼，溃于蚁穴。到如今，金融创新背负与其历史贡献不想称的恶名，锦衣夜行，于社会于个人都是错误的幻觉。金融创新依然是未来社会进步不可或缺的工具，在反摩尔定律存在的领域和不受竞争市场青睐的领域（如贫困问题）尤其如此。

现代科技受惠于摩尔定律，但在健康行业，反摩尔定律影响着我们的未来。同样 10 亿美元的研发投入，能产生的有效新药已经比过去要少一半。长此以往，人们将不会获得更好的有效新药。

公众对金融创新应该秉持什么样的态度？这一问题贯穿于《金融的创新，重塑未来世界的智财》一书之中。这是《经济学人》杂志金融记者安德鲁•帕尔默的著作，在这本超过 200 页的著作中，他澄清了公众对金融业的两种普遍的错误观点，从金融创新的历史进行考察，对金融创新如何重塑未来世界给出了许多令人信服的案例和解释。

张凤安

《财经》新媒体事业部 COO& 主编

译者序

Smart Money

How High-Stakes Financial Innovation is Reshaping Our World—For the Better

对金融创新的思考

人类社会发展到今天已经与金融紧密地联系在一起。诺贝尔经济奖得主罗伯特·席勒说人类的社会是金融社会。原因非常简单，没有任何人和组织可以在缺乏金融的支持下进行有效的生产活动。笔者在金融业已经耕耘了近二十年，期间曾辗转于全球金融中心的华尔街与中国的北京和上海。这么多年来，耳闻目睹国内外金融业的发展，感受到了社会对金融的看法也在改变——从高大上到妖魔化（如在美国，金融业从默默无闻到人们趋之若骛；在中国，2015 年就有近 40% 的各省高考状元青睐的专业为经管）。但不论人们的喜好如何，金融都是我们个人、家庭生活中不能忽略的重要组成部分，并进而对整个社会产生举足轻重的影响。因此，对金融和金融创新没有一个公平的评价和认识，不利于推动社会的和谐和人类的进步。

首先，**金融发展是金融创新的产物；金融创新的历史是人类进步的历史。**不但如此，人类社会的进步也得益于金融创新。贸易因为货币的产生而变得便利；海运从一开始简单的多船运货（以避免沉船风险）到保险条款的发明而得以促进；信用的运用既使得扩大再生产成为可能，又提高了消费者的生活水平；这种事例不胜枚举。然而，金融发展从来都是与贪婪、欺诈和暴富美梦的邪恶并行。金融发展有时也会反映出人性中并不光彩的另一面。金融创新的动机并不总是无懈可击。

金融的复杂度、金融的自由度与一国的经济容量成正比。这种经济容量并不是 GDP 的大小，而是市场长期、持续、有效的调控能力和自我修复能力。在 2008 年金融危机后，有不少人认为美国将走向落魄。但回头来看，我们发现实际并非如此。在全球市场中，美国庞大的经济容量使得其能够承受更为复杂的、多样的金融工具、产品和创新，以及由这些金融创新所带来的冲击和动荡。相反，经济容量的不足则需要有更多的金融管制。在当前中国，我们听到了不少向监管部门的呼吁之声，或要求推出各种金融新产品、新工具，如股票期权等，或要求降低监管；也看到不少政府部门为发展经济而推出的金融新渠道、新思路。但是，我们需要清醒地看到，国家的经济容量和能力能否达到承受这些金融产品的水准。拔苗助长并不是金融发展的最佳途径，也不是经济增长的推动剂。

金融的本质是在不确定风险下对资金的配置与交换。金融一词产生于约 18 世纪的法语中，原意为对债务、酬薪的支付。今天的金融包含的内容更为广泛，但实质并没有改变。风险可以被汇总、分拆、转移，但并不会消失。金融创新是对风险的一种重新组合，也许它的产生会为经济活动带来便利，也许会提高投资收益，但它在规避风险的同时，也会放大风险，风险本身并没有消失。因此，当处理不当时，金融创新极有可能造成风险集聚，增加系统性风险。此前，国内对互联网金融的姓互联网还是姓金融的讨论完全是个伪命题，因为金融的本质仍然体现在其中，互联网技术降低了资金交易成本、扩大了服务范围，但资金交换的风险并没有被消除。因此，在大力加强金融创新满足社会发展需要的同时，又要警惕金融创新、防范不负责的金融创新给人类带来的灾害。

金融是在创新与监管的博弈中成长。市场按照社会、商业的需要创造出金融产品，监管按照社会的需要来制定金融规则，市场灵活地利用监管要求创造出新金融工具来规避监管。创新与监管在交织中前行。同时，金融与经济的紧密关系要求金融监管政策在制定时必须了解新政策带来的潜在影响。监管政策对金融市场的稳定起到关键作用。大家熟知的荷兰郁金香狂潮并非简单地是由于投机者的炒作。事实上，荷兰政府此前对合约政策的修改使得郁金香买家不必以先期的合约价格兑付承诺，市场迅速发现了这一漏洞，并导致套利行为的急剧发展。2008 年金融危机的爆发与监管对商业银行金融杠杆的放纵也大有关系。2007 年底，美国商业银行的权益资本比例仅为 3.8%。而相比之下，即便是在上世纪 30 年代大萧条之前，商业银行的该指标数值还大约为 15%。不恰当的权益资本，过度放大了银行的金融杠杆，使得其对金融市场冲击的能力大为降低。

金融创新使得金融机构竞争加剧，但维护金融系统稳定仍然是监管机构的主要目标。凝视当前科技的发展对传统金融的冲击，去中心化、去媒 / 脱媒的潮流意味着金融处在一个创新的漩涡，众筹、便捷支付、P2P、大数据分析、区块链技术已经使得传统金融机构在市场服务中面临逐步失去对整个价值链条的控制地位，虽然从当前的规模来说，这些金融创新还在萌芽期，然而仅仅因为传统金融对实体经济的支持力度不足而对金融创新在法律法规上网开一面、姑息迁就，则会破坏金融法规的严肃性、公平性，并可能引发金融邪恶的另一面，导致系统的不稳定。正如《金融创新：重塑未来世界的智财》一书所述，金融业面临强大的赚钱压力，没有一个行业如金融机构一样能够由于失误而在数秒数分之内倒闭。无论机会是多么危险，只要音乐仍在演奏，你就必须起身跳舞。金融逐利的特性也意味着创新是个永不停止的过程，并给系统带来潜在的不确定因素。金融监管的职能在创新中面临更高的挑战，但其监管目标并没有改变。

监管对金融创新要有谨慎的审视，对金融法规要有充分的调研。由于金融对宏观经济和微观经济的重要作用，监管对其审视需要格外谨慎。当金融创新快速增长之时，风险也会急速增长。监管既不能一刀切地拒绝，也不应该漠视其发展，更不能朝令夕改、草率推出新举措。2008年之后，美国监管部门开始对资产证券化产品的道德风险展开调查，并随后开始提议信用风险留存规则。该规则要求资产支持证券发起机构必须至少持有一定比例的证券，而不是如金融危机之前将所有证券卖给市场投资人。但该留存比例为多少并不是一个简单的数字，比例过高则会影响发起机构的兴趣，减少对实体经济的信贷投放；比例过低则不会起到防范发起机构道德风险的作用。为此，监管部门开始了为期多年的探讨与咨询，一直到2015年末才对部分资产证券化产品启动了信用风险留存规则。类似的案例还有很多。监管部门不能因为自己的权力地位而高高在上，过度监管并不利于市场发展。调查研究、充分与市场交流是提高政策有效性的根本途径。

科学带来人类的平等，金融带来人类的自由。平等与自由相辅相成。金融创新不仅仅是产品的创新，也包括科学技术创新。科技的快速演变是无法阻挡的确定性事件。而促进科技的发展，金融的支持是无法逾越的需要。在当今，金融与科技之间的融合将更加紧密，金融创新也将加快步伐。金融创新与科技创新，及两者的日益融合使得金融工具变得更为复杂和难以理解。在此背景之下，任何遏制金融创新的想法都是无助的。了解金融新现象需要了解现象的背景。事实上，只有更好地理解金融创新对社会、对人类的影响才能更好地利用金融创新带来的益处。如果仅仅是观察到金融带来的负面影响，而不去了解影响产生的原因，不但会因噎废食，而且没有有效的手段来解决社会经济发展的需要。互联网金融在我国的发展不仅仅是因为技术的创新，传统金融高高在上的垄断地位、对中小企业融资问题的冷漠、对风险定价能力的不足以及征信体系的不完善等才是根本因素。

纵览金融发展历史，我们必须意识到金融创新是人类进步的依赖，但创新并不一定有良好的结局。不是所有的金融创新都对社会有用。判断金融创新好坏的标准是对社会发展的适用性。贪婪可能扭曲创意，破坏公平、公正。因此，监管的存在是必要的。然而，被动的监督和管理难以前瞻于市场化的极具生命力的创新活动。制定金融业基本规章制度并严格执行才能防范创新带来的混乱和破坏。规章制度也许不能及时全面地反映社会的变迁和科技的发展，但信息的披露、欺诈的禁止应该是基本规则。美国颁布于1933年，此后多次修改的《1933年证券法》的立法理念值得我们借鉴：必须以完全信息披露为指导，以保护投资者利益和防止欺诈为核心目标。只要人类存在，金融创新必将存在，金融危机也必不可避免。金融将在监管与创新的交替博弈中持续发展。

郭杰群

国家千人计划专家

上海期货交易所博士后指导专家

中国资产证券化论坛执行秘书长

清华大学国家金融研究院兼职研究员，中财兼职教授

目　录 / Contents

互联网金融丛书序 // I

推荐序　为什么说金融创新重塑未来世界 // VII

译者序　对金融创新的思考 // XI

前言　一场完全颠覆了公众对金融业态度的危机 // 1

弃医从事金融业的谢帕德 // 3

对金融业所持有的两种普遍错误观点 // 5

本书的主要内容 // 7

第一部分　从金融创新的错误教训中走出来

第 1 章　金融创新的历史 // 13

金融创新的最初形式：货币的诞生 // 13

更多金融工具的诞生 // 14

信息推动了金融的进步 // 19

数学对金融创新的巨大作用 // 26

铁路对金融业发展的巨大推动 // 29

工业革命时期的金融演进 // 32

金融的衍生品时代 // 34

从金融创新史得到的教训 // 37

第 2 章　金融并非创新惹的祸 // 41

故障频发的金融业 // 41

金融创新的贡献与破坏性的两难问题 // 42

金融的标准化 // 44

追求标准化所带来的问题 // 46

作为金融创新的高频交易 // 54

当今资本市场所面临的问题 // 64

第 3 章　世上最危险的资产：房地产 // 67

住房金融市场的颠覆者 // 67

都是房地产惹的祸 // 69

如何看待房地产的非理性繁荣 // 73

政客们对房地产的推波助澜 // 76

快速增长的金融业对总生产力增长的破坏性 // 77

奥德菲尔对房地产金融的破解之道 // 78

美国的房地产金融创新者 // 81

第二部分　金融创新的善世之举

第 4 章　社会投资领域的创新领跑者：社会影响债券 // 85

扭转他人命运的彼得伯勒社会影响债券 // 85

社会影响债券的推动者——罗纳德爵士 // 87

社会影响债券的引领者：英国 // 90

方兴未艾的美国社会影响债券 // 92
社会影响债券在社会项目中的潜力 // 93
政府如何打好社会影响债券这张牌 // 94
推动非政府机构对社会影响债券的资助 // 97
社会影响债券中的当事方之一：社会服务提供者 // 98
社会影响债券的当事方之一：投资者 // 99
社会影响债券的变体 // 100
对社会影响债券的另类声音 // 103
社会影响债券创新对解决社会问题的作用 // 104

第 5 章　金融创新能让人幸福长寿吗 // 107

金融工程能够治愈癌症吗 // 107
“适应性市场假说”理论 // 108
药品开发的“超级基金” // 110
养老金的金融创新与长寿 // 115
经济人与智人 // 123
关于养老的金融创新 // 128

第 6 章　权益与实现梦想的许可证 // 135

初创企业的融资难题 // 135
创业融资的解决之道：风投 // 137
革命性融资手段的最强推动力：众筹 // 138
人力资本的金融创新 // 147

第 7 章　P2P 借贷与金融的缺陷 // 159

第一个 P2P 借贷平台的诞生 // 159
P2P 借贷平台的多样性 // 161
P2P 借贷平台对金融风险的规避措施 // 163
P2P 借贷平台与银行既合作又相互竞争 // 169
P2P 借贷平台的风险管理 // 171

第 8 章　普惠金融：触及边缘借款者的金融创新 // 175

用大数据攻克发薪日借贷的难题 // 175
为穷人提供的金融信贷解决方案 // 178
对基于关系的借贷方法的撼动 // 181
鼓励穷人储蓄的金融创新 // 182
对小企业施以援手的金融方案 // 187

第 9 章　尾部风险：为灾难的概率定价 // 193

灾难预测算法大师 // 193
巨灾债券的诞生 // 195
流行病风险建模 // 199
量化灾难损失发生概率的方法 // 201
灾难风险建模对金融业的启示 // 202

结语　金融业在未来将产生巨大善意 // 209

术语表 // 213

译者后记 // 217

前言

Smart Money
How High-Stakes Financial Innovation is Reshaping Our World—For the Better

一场完全颠覆了公众对金融业态度的危机

2007年初夏，当《经济学人》为我提供银行业记者一职时，我确实有些担忧。银行业是一个我几乎一无所知的行业。我除了有一个银行账户和一笔按揭贷款，认识几位在银行业工作、住的房子比我大的朋友之外，我对银行业的了解也不过如此。对我而言，要努力搞清楚债券市场和银行资产负债表的细节，不仅仅意味着要进入一个不熟悉的领域，还将无聊透顶。

在我看来，这是一个持续积累利润的行业。银行的投资回报率在之前的几年内曾传奇般地增长。在2007年—2008年财年，世界上最大的一千家银行的税前利润总额几乎达到了8 000亿美元，较2000年—2001财年大约增长了150%。据麦肯锡咨询公司称，2006年银行业拥有全球最大的利润池，当年银行业利润占据全球总利润的11%。

我的职责包括采访那些快速赚钱并且很可能在我下次写到他们时还将会继续赚钱的人们。他们可能是贪婪的，可能是傲慢的，但他们肯定知道自己在做什么。当时我并没有意识到我已经在像金融监管者那样思考了。

这种对单调乏味生活的恐惧最终被证明不是那么正确的。2007年9月，我开始报道银行业的新闻。这年夏天，金融市场已经开始呈现出惊慌失措的局面。

美国次级按揭贷款市场的下跌，已经使投资者无法为他们所持有的次级按揭证券估值。银行相互借贷的银行间市场，也因机构意识到它们已无法确信自己交易对手的状况，而突然失灵了。昔日的赚钱机器正在发生某些意想不到的事情。

我从事这份工作的第一个星期恰好赶上英国北岩银行（Northern Rock）发生存款挤兑，这家银行已经无法继续在市场上一如既往地为自己融资。最初，我想采访的是重温如何应对银行挤兑。在银行分支机构内部安置排队导向绳是一种策略：这总比任由人们从营业厅挤到马路上要好些，这也示意他人应当自觉排队。汇丰银行的一位老员工愉快地讲述了 20 世纪 90 年代后期亚洲金融危机的故事，当时银行出纳员被要求把成堆的现金放到人们能看到的地方，以便让人们确信银行里有足够的钱。

原本人们是不会认为亚洲这种仓促应付挤兑风潮的故事，与西方极为严密的金融体系有什么相关性的，但更为糟糕的事即将发生。一系列事件正在酝酿之中，最后将导致美国大型投行雷曼兄弟的崩溃、越来越多富有世界的银行体系被国家接管、深重的全球衰退以及欧元区债务危机。2009 年 7 月至 2013 年 10 月期间，我站在《经济学人》金融编辑的角度，观察着这场金融危机的后期阶段。

这场危机完全颠覆了公众对金融业的态度。在这场危机发生之前的十年，金融是令人崇拜的。政策制定者们为诸如证券化等新技术的进展鼓掌喝彩，新技术似乎将风险从银行转移并更为均匀地分散到整个金融体系。有效市场的信念是如此盛行，以至于怀疑者不仅数量稀少，而且很容易被忽略。

过去几年中发生的事件已经彻底击碎了外界认为金融绝对可靠的信念，这的确是件好事。这个体系远不是银行家们所愿意奉行的“达尔文适者生存”法则。银行业并非是唯一获得政府救助的行业——美国政府对通用汽车公司的

500 亿美元的救助在 2013 年 10 月出现账面损失，但我没有看到公众在讨论汽车业的邪恶——但是银行业显然受益于其他行业所没有的安全网。银行业从业人员也并非真的面对弱肉强食的丛林法则，我在金融业中既遇到很多非常聪明的人，也遇到了一些资质非常平庸的人，并且他们中似乎所有的人都仍然符合银行业的雇佣条件。

但是，当事情出现非常严重的错误时，钟摆几乎不可避免地向另一个方向摆得更远。另一种类型的共识已然出现：金融被妖魔化，银行家通常是坏人，行业除了向个人和企业发放贷款有些许“对社会有用”的部分，其余都是危险的、不必要的赌博。尽管这样的愤怒是可以理解的，但是它也具有扭曲公众对这个行业的看法的效果。

| 弃医从事金融业的谢帕德 |

当人们痛惜金融吸引了社会上最聪明的人时，就会想到像克里斯•谢帕德（Chris Shepard）这样的人。这位年轻的美国人过去常穿着实验室制服为基因泰克公司（Genentech）工作。基因泰克是一家生物科技公司，其所宣称的使命是“为满足重大的尚未被满足的医疗需求而开发药物”。你不可能有比这更崇高的工作了。然而谢帕德首先为攻读工商管理硕士放弃了这个职位，在管理咨询行业工作了一段时间后，他进入到了高级金融的世界。他的谈话中不时冒出权益层（equity tranches）和债券息票、资产负债表波动和付款触发点（payment triggers）等专业术语。

谢帕德创立了一家名叫结构化生物股权（Structured Bioequity，SBE）的风险投资公司。他试图解决一家小型生物科技企业因其某个药品未能通过临床试验而给该企业带来的损害。在测试一种新药时，临床试验会逐步扩大新药的测试人数，其结果是非常不可预测的。大约85%的疗法会在早期临床试验中失败。谢帕德特别注重第二阶段试验中所涉及的风险。在第二阶段试验中，测试从很小的一组受试者转移到一大组受试者。

对于一家有着雄厚财力、有着较多在研发阶段的新药的大型制药企业而言，一次试验的失败并不是成功道路的终结，它可以再签发一张支票来保留开发团队。而对于规模较小的企业来说，其正在排队的药品常常不超过两到三种，不成功的临床试验所带来的损害对其而言可能是终结性的。如果这类企业中的一家公司的先导药物失败，那该公司就有可能失去其全部价值，也就是彻底失败。而在特定药品工作中获得的知识，以及下一次可能出现较好结果的概率，都将化为乌有。

谢帕德的创意像是一张保险单。事实上，投资者让制药企业避免了遭受临床试验失败的打击。投资者承诺，如果临床试验失败，投资者将会支付一笔议定的款项，以便该企业能够重建其产品组合。作为回报，SBE 为投资者提供了一个机会，让他们能够分享药物临床试验成功后的红利。一旦临床试验成功，SBE 就将投资者支付的款项转换为在这家药品企业的股权。谢帕德认为，只有通过将足够多的药物纳入到被保护的药品组合中，投资者才会有理由相信一些药品最终将面市。这也意味着，即使某条特定的道路被关闭，那些有前途的医药研究也不至于走到失败的边缘。

正如一种全新的创意所遇到的典型问题那样，获得首批投资者的认同会是一个缓慢的过程。然而，当我在 2013 年见到谢帕德时，他表示一定会坚持下去。在被问到为何他要抛弃医学研究而从事金融时，他耸耸肩说道："我觉得这样做，我能发挥比作为科学家更大的作用。"这种表述在 2007 年—2008 年的危机之后，无疑是令人印象深刻的。

| 对金融业所持有的两种普遍错误观点 |

近年来的金融动荡已经使两种错误的观念被普遍接受。

第一种错误观念是，如果能够时钟倒转，金融回到过去的模式，那么一切都会变好。银行过去从未在如此低水平的股权融资下运营。股权融资是指股东投入的资金，当银行遭受亏损时，这些资金就会被损耗。在证券化市场里，诸如住房按揭贷款等许多不同的产生收益的资产被打包在一起，成为一种单一的金融工具，这在过去从未如此复杂过。股票交易所过去从来不是算法的玩具。人们之所以如此冲动是想要确定金融历史中的某个阶段的一切都比现在好，并渴望回到那个阶段。关于“银行业应该是枯燥乏味的”这个社会认同被广泛流传。来自马萨诸塞州的美国民主党参议员伊丽莎白·沃伦（Elizabeth Warren）在推动一部议案时就已经使用了“乏味的银行业”一词，该议案要求美国的银行业务将人们熟悉的零售服务（我们作为客户常用的支票账户、按揭贷款等）和那些奇异的资本市场服务（企业在资本市场融资和管理风险）相隔离。

然而，让时钟倒转以及不切实际的做法都不是答案。最大的危险往往潜藏在金融体系中人们最为熟悉的部分：人们把存款视为一种“好的”融资来源，存款甚至能够在瞬间被提现，而且获得巨大存款保险补贴；而房地产被看作是银行的主业活动，但房地产却是一次又一次银行业危机的根源；担保贷款被认为是审慎的，但是它可能意味着决策往往是基于所提供的担保品（比如，一套房子），而不是基于借款者的信誉（假设借款者没有收入和工作）做出的。

如果你要查看金融危机期间的资产减记，你会在哪里找到它们？是的，你不仅会在投资银行，还会在零售和商业银行找到它们。美国历史上最大的银行倒闭案就发生在华盛顿互助银行（Washington Mutual）。2008 年，在华盛顿互助银行倒闭时，它的账面上有 3 070 亿美元资产和一大堆按揭贷款坏账。最严重的季度亏损是另一家“正常的”放款机构美联银行所经历的：由于其资产负债表中的贷款，美联银行在2008年第三季度亏损237亿美元。即使在没有证券化和信用违约互换（CDS）的情况下，爱尔兰和西班牙的一些银行还是出事了。贯穿2007年—2008年金融危机的主线是糟糕的信息——关于借款者的品质、关于谁对谁有风险头寸、关于一个地方的违约如何会影响其他的贷款——并且这条主线击倒了所有类型的机构，不论是简单的还是复杂的。

第二种错误观念是有关金融创造力的益处。人类活动中很少有哪些领域现在的形象比“金融创新”更差了。2007年—2008年的金融危机使得许多神秘莫测的金融过程和产品受到更广泛的关注。美国联邦储备委员会前主席保罗•沃尔克（Paul Volcker）曾经暗示，在过去25年中没有什么金融创新在有用性上比得上自动取款机。美联储在金融危机后的声誉完好无损。获得过诺贝尔奖的经济学家兼辩论家保罗•克鲁格曼曾经写道：“难以想起近期有哪次重大金融突破是有助于社会的。”

2013年末《经济学人》在纽约举行了一场研讨会。会上就“有才华的毕业生是应该去谷歌工作，还是去高盛工作”进行了辩论。连续创业者维维克•瓦德瓦（Vivek Wadhwa）替谷歌辩护，而另一位获得过诺贝尔奖的经济学家罗伯特•席勒（Robert Shiller）则为高盛辩护。瓦德瓦的任务相对容易。“你是宁愿让你的孩子设计金融体系为我们带来更多问题呢，还是让他有机会去拯救世界呢？”他问。即便听众是《经济学人》在纽约的普通读者，也相当清楚该如何选择，听众选山景城（Mountain View）的数量要远远多于选华尔街的。但是席勒的理由更为有力：“金融是你可以在世界上留名的地方……你无法仅凭自己的力量就可以为世界做好事，”席勒告诉研讨会的听众，“世界上最重要的行动都必须以金融为基础。”

|本书的主要内容|

本书分为两部分：第一部分旨在为读者提供一个更广泛的思考金融创新的框架，而不仅仅是 2007 年—2008 年危机及其后果。人们对于金融独创性理念的自然反应是："不，谢谢。"但是正如本书开篇所展示的那样，人类创业的历史也是金融突破的历史。发明货币、运用衍生合约以及创立股票交易所，都是对根本的、真实世界问题的智慧反应。金融创新有助于促进贸易、平滑风险、创立企业以及建造基础设施。现代社会的产生离不开金融。

毫无疑问，金融业在 21 世纪的头几年干得很糟糕，使其自身面临着巨大问题。但是叫停创造力——将金融就地冻结，不允许聪明的理念冒出来——并不能解决与金融业有关的问题。正如本书第 2 章所解释的那样，金融所造成的巨大风险是远在"创新那一刻"之后很久才产生的。金融产品和市场如何演进存在一个问题，这一问题与规模和熟悉度密切相关，而不是与新奇性和创造性密切相关。

本书第 3 章阐述了一个具体的实例，说明缺乏创新所带来的破坏性是如何比创新所带来的破坏性大得多。房地产是世界上最大的金融资产，按揭贷款可能是金融业人们最为熟悉的产品。尽管人们乐意把这个领域看作是一个被金融巫师所占据的领域，但这并不是人们可以从这场危机中汲取的正确教训。在美国，金融业的确想出了独出心裁的方式，让劣质借款者可继续借债。但在欧洲，对于很多银行体系来说，普通的按揭贷款被证明具有同样的破坏性。房地产需要更多的新鲜想法，而不是更少。

尽管在大机构中存在具有独创性的人和产品，但是革命性的理念却不成比例地来自外部。这对许多行业来说是普遍的，并不仅仅是在金融业：很少有企业能极大地改善自己的产品；创新通常是来自新进入者。但由于多年来不受束缚的逐利性所养成的坏习惯，似乎尤其难以撼动金融业。“当我们描述我们的业务时，银行家们总是一脸茫然地看着我们，”一家金融初创企业的创始人透露说，“他们所能说的全部就是：‘但是你本可以收更多的钱，你为什么没那么做呢？’”

如果本书的第一部分使你质疑所有的金融创新都不好的观念，那么本书的第二部分应当使你确信金融创新有能力做好事。尽管发生了危机——并且在某些情况下是因为危机——但是金融跟过去一样具有创造性。本书第二部分则着眼于那些金融在解决一系列巨大的社会和经济问题上所做的努力。

本书的许多读者生活在那些需要通过削减公共支出来控制其预算的国家中。本书第 4 章说明了金融如何能够帮助填补因吸引私有资本进入而留下的缺口。同样，读者也可以预期自己的寿命将比以往任何一代人都长——尤其是当像克里斯·谢帕德这样的人能够改进药品开发过程的时候。但是，如果本书的读者是普通大众的话，那么他们为晚年准备的储蓄是远远不够的。关于长寿的负面影响，本书将在第 5 章中讨论金融业所提供的最初应对方案。

如今，社会正在发生显著的变化，科技更是日新月异。互联网正在使得融资的供应者和消费者之间直接建立联系，而不是通过中介。“大数据”——快速获取和处理巨量信息的能力——的兴起正在改进筛查借款者和评估风险的方式。与此同时，危机凸显出有必要对金融本身的运作方式进行新的思考，以便消弱金融业最糟糕的特征（喜好借债以及“好了伤疤忘了痛”的倾向）。

接下来的四章将详细讨论上述这些主题：第 6 章考察学生完成学业的新方式以及新企业创业初期筹资的新方法；第 7 章则探索了个体对个体的互联网借贷（P2P）融资的世界，在这个世界里，放款者和借款者完全绕开了银行；第 8 章则重返次贷借款者的世界，看看在不摧毁世界经济的情况下，如何能够解决为信誉不佳者融资的问题；第 9 章描述了如何将传统的定性分析的优势与数据处理结合起来，以缓解新的流行病爆发的风险。

人们本应当在这场金融危机发生前就对金融进行更为深入细致的检查。同样地，目前人们也应当慧眼审视金融。聪明的年轻人应当进入各种各样不同的职业，金融就是其中之一。尽管金融业有各种瑕疵，但是并不存在比金融更为强大的问题解决体系。

Smart Money
How High-Stakes Financial Innovation is
Reshaping Our
World—For the Better

第一部分

从金融创新的错误教训中走出来

第 1 章

Smart Money
How High-Stakes Financial Innovation is Reshaping Our World—For the Better

金融创新的历史

金融业认为它再次毁灭世界的时机即将来到。

《洋葱报》(*The Onion*)

|金融创新的最初形式：货币的诞生|

金融创新的历史也是人类进步的历史。早期形式的金融满足了人类一些最基本的需要——贸易、安全保管和信用。随着社会和科技的变化，金融业也变得更为复杂。当海上贸易变得更加复杂时，银行业和保险业也就落地生根了；随着工业化进程对资本的需求增加，股票交易所的时代来临了；当金融工具被越来越广泛地运用，让金融变得大众化时，政府的反应就是创立更具侵入性的监管框架；当计算机普及时，金融衍生品——价值基于其他基础资产的金融产品——便很快接踵而至。不论好坏，我们今天所了解的金融业是数个世纪的产物，而且我们今天所了解的世界也是金融的产物。

货币是最初的金融创新。贸易依赖于一种双方可接受的交换中介。如果没有一致同意的货币形式——不论这种货币形式是纸币、贵金属还是贝壳——每一笔交易都会涉及买者和卖者就合适的支付形式和数量进行艰辛的协商。货币的属性之一就是随着时间的推移而保留了一些价值。如果没有货币，那些仅有易腐品来进行物物交换的人的生活就会变得非常艰难。你之所以做好准备接受货币作为偿付，是因为你知道可以在将来将货币花出去；你不太乐意接受比如奇异果这类的东西作为偿付，因为奇异果可以被交易的时间只有它们能够被食用的时间那么长。

早在公元前 9000 年，人们就开始以牲畜作为偿付方式。为便利于贸易，货币的形式已经开始出现。随着时间的推移，贵金属作为一种更好的货币形式出现了：贵金属不如牛美味可口，但是贵金属更易于携带、更耐久，且可分割。第一种金属钱币是公元前七世纪在今天属于土耳其的地方——吕底亚被制造出来的。这些金属钱币是由金银矿制成的，金银矿是一种自然形成的金银混合物。这种技术迅速传播到希腊城邦。纸币最早诞生于九世纪的中国，它为现代法定货币的体系铺平了道路。法定货币是由国家发行的——与由贵金属制造的金属钱币不同——没有内在价值。

即使在现代，法定货币仍然能够被商品交换的形式所驱逐。例如，第二次世界大战刚刚结束的时候，在德国，人们对本国货币德国马克没有信心，取而代之的是美国香烟在黑市上被作为支付手段：香烟是可分割的，香烟也能持久保存，通过美国军队输入黑市的香烟供应是充裕的，并且对香烟的需求一直都很旺盛——至少是因为在配给时期香烟抑制了人们的食欲。因此，货币能够改变其外形以适应环境。

| 更多金融工具的诞生 |

在古代社会中，自从有了人们一致认可的能够保值的交换形式后，人们便能够开发出更多的社会所期望的金融工具。最早的金融合约可以追溯到公元前 4000 年的美索不达米亚：刻有个人偿付义务记录的泥板文书被封在一种被称为“印玺”（bullae）的粘土封套中。因为封套中所包含的偿付义务可以支付给封套的持有者，所以这些粘土封套本身可以担当货币的角色。偿付形式虽从蜂蜜到面包不等，但是以牲畜作为货币的形式给世界带来了利息的概念。牛群或羊群有着自然繁殖的特征：你可能借给某人 20 头母牛，等到你收回时，牛的数量或许已经增加了，这些额外的牛就起到了补偿最初出借牛群风险的作用。金融语言的演进直接取自这种畜牧形式的利息。苏美尔语中的“利息”（interest）一词与“小牛”（calves）一词相同，拉丁语中表达“一群”（flock）的词是“pecus”，“pecus”是英语“金钱的”（pecuniary）一词的词根。

债务的发明

到了公元前 2000 年巴比伦国王汉谟拉比统治时期，货币和信用的角色已经相当发达了，《汉谟拉比法典》对一系列人们所熟悉的经济关系作了非常详细的法律规定。今天，我们为了安全起见，以电子货币的形式在银行账户进行储存。而当时，谷物就是交换媒介，《汉谟拉比法典》规定了有关谷物存储合约的条款，谷物存储合约是一种吸收存款的最初形式。该法典也调节了债务人与债权人之间的关系，确定了放贷者借给农民设备、土地和种子时能够收取利率的上限，并规定了可以被用于担保贷款的担保物的类型。

在一个巨大的债务泡沫破裂后，庆祝债务的发明似乎让人不可思议。但是，债务真的是一种绝妙的创新。像其他形式的金融一样，债务使得资本从储蓄者流向投资者（我们可能既不喜欢债务危机，也不怎么喜欢信贷紧缩）。放款者受到偿付承诺的激励，将货币借给借款者。相应地，放款者承担违约风险。借款者放弃未来的一些收益以换取他们现在所需的资本。债券的特殊魔力就在于经济学家们喜欢称之为“跨期交换”（Intertemporal Exchange）的东西。人们有两种形式的资本：金融资本，即他们实际积累的货币；人力资本（即贯穿整个未来的赚钱潜力）。这两种形式的资本并不能同步。尽管老年人已经耗尽了他们的人力资本，但已经（希望如此）积累了金融资本。大多数年轻人有许多人力资本，但是没有多少现金。金融就好比桥梁一样连接起这两种状态。例如，在汉谟拉比时代，农民会借入他们耕作土地所需要的东西，并用他们未来的收入作为回报。

今天与以往也没有什么不同。存储和借款的行为都与时间相关：储蓄和借款是我们与自己的未来进行的自我交易。我们存储是为了年老时也有资金可用——从我们尚未拥有的工作岗位上退休，或者为与我们尚未谋面的伴侣所生的孩子支付学费。我们越是觉得与未来的自己紧密相连，我们就越有可能为“他们”储蓄。研究显示，那些对自己未来的老年生活有预期的人更有可能为退休而储蓄。同样地，年轻人能够借钱是基于他们未来的赚钱能力。当放款者给予你 30 年期按揭贷款时，实际上是与收入更高、头发更花白的未来的你签约。

权益的诞生

当然，债务并不是融资的唯一形式。债务使借款人有偿债的义务，但放款者的利息收入也有一个商定的上限。借款者的偿债义务降低了放款者的风险，尤其是对有抵押贷款（就像按揭贷款有房子做担保一样）。但是回报也相应地较低：无论借款者发展得有多好，偿还放款者的金额都不会超出商定的数目。而权益（equity）投资则不同。由于股权持有者仅得到债权人被偿付后的剩余部分，权益的风险相对高些，但其潜在的回报也更高，因为投资成功时，所有者将分享全部利润。

古代社会还进一步发展了各种各样的权益合约：罗马人有一种商业公司的

早期形式叫作“包税合伙”（societas publicanorum），即人们能够买卖那些提供外包公共服务的合伙企业的股权；“康曼达”（commenda）是一种合伙形式，促进了中世纪意大利的海上贸易。在“康曼达”中，一方合伙人投入劳务，另一方合伙人投入金钱，从航行中获得的利润则在双方当事人之间分配，一种常见的分配方案是 75% 归出钱的人，25% 归航行者。“康曼达”也是一种金融合约，它定义了航行者在航行中必须履行的义务。这是解决今天折磨着公司治理的“委托 – 代理”问题的一种早期尝试，在“委托 – 代理”问题中，股东不得不依赖经理人在运营股东所拥有的公司时行使良好的判断力。

权益和债务使得有钱人能够把钱节省出来分配给那些需要资金的人。权益和债务也是风险共担的方式，风险共担是金融另一个最基本的要求。放款者可能将他们的钱分散贷给许多不同的借款者，以减轻风险集中，权益投资者也能如此。同样道理，共享一家公司的股权意味着最初的拥有者可能分散他们的风险，而不是将他们全部的钱锁定在同一风险投资中。

保险的起源

同样的分散化原则支撑了另一个重要的金融分支——保险的起源。海上贸易再一次成为一种为避免糟糕局面的发生而提供保护的金融产品的初始动力。中国商人被认为是最早进行自我保险的，他们将货物分散在若干条船上，以降低因其中任何一条船沉没而造成灾难性损失的可能性。《汉谟拉比法典》包含了“船舶抵押借款”（bottomry）的条款，“船舶抵押借款”是以船只的龙骨或者船底作为担保的贷款。它也起到某种形式的保险作用，因为如果这艘船沉没，那么这笔贷款将被免除还款。罗马人也有类似的安排，即“海运借款利息”（foenus nauticum），在“海运借款利息”中，承保人把资金借给商人用于开展航行。如果船只遇难，这笔债务就会被取消，但是如果完成了此次航行，则需要归还借款并同时支付利息（bonus）。这其中的基本理念与本书后文中涉及的巨灾债券没有什么不同。

世界上现存最古老的保险合约是1298年在热那亚签署的。该合约由一位名叫贝内代托•扎卡里亚（Benedetto Zaccaria）的精明商人与两位外部投资者恩里克•苏巴（Enrico Suppa）和巴里亚诺•吉日罗（Baliano Grillo）共同签署。事实上，这份合约远比一份简单的保险协议复杂。扎卡里亚的财富来自从黑海到西欧进口的明矾，明矾是一种多用途的化合物，用于从纺织品染色到制造胶粘物等广阔的领域。扎卡里亚与苏巴和吉日罗的合约重点在于运输30吨明矾到布鲁日。在这些货物开始启航前，扎卡里亚已将货物按照预付的金额卖给了苏巴和吉日罗。布鲁日位于今天的比利时境内。到目前为止，一切都很简单。但是当事人还就一项回购选择权（option）达成一致，如果这批明矾安全到达布鲁日，扎卡里亚可以高出原价的价格从苏巴和吉日罗手中买回这批明矾。至于这笔交易中的保险元素，如果在运输途中明矾由于灾祸而受损，那么苏巴和吉日罗将承担价值的损失。

这对于那些抱怨现代金融复杂性的人们来说是一个不小的打击。扎卡里亚与他的谈判伙伴们搞出来的明矾回购的选择权是金融衍生品的一个早期实例。金融衍生品是一种金融工具，其价值基于另一项潜在的资产。期权（option）给予了买方权利，而非义务去购买或卖出潜在的资产。例如，在6个月后以每股10美元的价格购买一只股票的期权被称为买入期权（call option）；卖出期权（put option）则是给予买方以一个指定价格卖出同样股票的权利。但期权最早出现的时期甚至比扎卡里亚还早1 500年以上。已知的最早买入期权是由亚里士多德描述的，他讲述了一位在米利都（现在土耳其的一部分）的哲学家泰勒斯（Thales）的故事。泰勒斯支付了一笔定金买下了米利都和希俄斯的全部橄榄油压榨机。这实际上就是一种控制市场的期权形式。这一赌博带来了丰厚的回报，那年的橄榄丰收，泰勒斯几乎能够随心所欲地收取橄榄压榨费。

|信息推动了金融的进步|

意大利中世纪之前的金融史揭示了在最近的全球金融危机之后可能被人们轻易忘却的某种事实：金融对于解决人类一些最基本的需求是多么地必不可少。不论是提供储存财富的方式，或将资本与投资联系起来的方式，还是提供沟通当前与未来的方式，或提供共担和管理风险的方式，自人类文明最早发源之时起，金融就已经帮助人们达到了目标。

但是，从一开始，这些新的金融工具就带来了问题——搞清楚哪些人将能够偿还他们的贷款，哪些企业将为其拥有者赚取更多的钱，以及哪些风险可能成为现实。不论你是一位巴比伦的放贷者还是华尔街银行家，这些问题都指向了金融的本质。金融业真正的货币是信息：有关某些企业的前景、借款者的信誉、不同事件发生的概率以及担保品价值的信息。正是信息使得投资者和借款者在交易所和在双边合约中走到一起，本书中，我们所遇到的每一个问题几乎都可以被分解为如何收集、评估和传输信息的问题。

关于银行的发明

放贷问题是信息挑战的一个最好例子：你如何挑选最好的借款者？解决这个问题有各种各样的方法。一项选择是放款者仅仅借钱给那些他们认识的人。金融的“朋友加家人”方法是基于信任和熟悉的纽带来降低违约风险，但是这样做也限制了放贷的金额。如果一个经济体要提供超过一定规模的资本，则需要一种机制把彼此不认识的众多放贷者和借款者凑到一起，这就需要一个中介来获取一些人的储蓄，并将这笔钱与有信誉的借款者相匹配。换句话说，需要一家银行。

我们愿意把古希腊和罗马的一些机构看作是银行的先驱，这些货币兑换商为储蓄者提供了安全保管箱，然后利用这些钱去放贷。从一开始，财富就归于银行家：在公元前四世纪，一位曾为奴隶、名叫帕西翁（Pasion）的人成功运营了一家大型私人银行，并成为雅典最富有的公民。到了罗马帝国时代，资本已经能够以今天认可的方式被储存、聚集和再分配。

罗马帝国的衰落迎来了黑暗时代[①]。黑暗时代的特征之一就是相对简单的金融体系。在中世纪的意大利城市国家——诸如威尼斯、佛罗伦萨和热那亚等地，银行业不得不被完全推倒重来。金融家们会在这些文艺复兴城市交易大厅中的长凳或柜台边工作，为农民提供资金，为买家提供保险，使其免受作物歉收的打击，并为汇票提供储存的地方。“银行”（bank）一词可能源自意大利语中的“banca”，是“柜台”的意思，“破产”（bankrupt）可能是“banca rotta”的变体，“banca rotta”的意思是“柜台被砸烂”。

以关系为基础的金融面临着约束，这促使了银行的发明。作为媒介，银行可以沟通放款者与借款者，提供资金池集聚地并且开发专项技术，以评估借款者的信誉。银行也可以收获分散化的好处：通过发放大量的不同贷款，银行可以降低因其中任何一笔贷款成为呆账而危及整个机构的概率。

另外，银行还针对长期投资流动性不足的问题提供了一种独创性的解决方案。长期投资要求放款者将他们的资金锁定数年之久。中世纪意大利的银行家和中世纪伦敦的金匠很快注意到，当人们在他们那儿保管钱币和贵重物品时，人们并不需要在同一时间取回这些物品。在任何给定的时间内，金库中会有大量的钱币闲置在那里。为什么不用它们来提供贷款呢？

① 一般指西罗马灭亡到文艺复兴时期，约公元 476 年至公元 1453 年。——译者注

同样的逻辑在今天也适用。银行并非守着存款等待储户来取回现金。假定储户不会同时来取款，那银行手头仅保留部分款项，就可以满足存款者对现金的需求，而将大部分钱贷给那些想借钱的人。这使得银行能够完成两个非常重要的"把戏"：第一，通过将存在银行中的部分存款放贷，银行流通中的货币数量就成倍增长了；第二，银行能够实现被专家们称为"期限转换"（maturity transformation）的操作。在英语中"期限转换"的意思是银行借款的期限比银行放款的期限短。

这种期限转换的经典例子是存款和按揭贷款。你的存款对于持有这笔存款的银行来说，是银行的负债——负债必须被偿还。除非另外特别说明，否则存款也是立即可变现的。这意味着任何时候如果你想要，你都可以把你的钱取出——这是短期借贷的根本。相反，按揭贷款可能持续 20 年或者 30 年。当短期债务被转换为长期资产，所有人都高兴。放款者不必将他们的钱锁定数年，借款者可以动用他们的长期未来收入，银行因为低息借款、高息放贷而从中赚钱。社会也从中受益：因为放款者不再需要牺牲流动性，因此长期投资项目融资更加容易。

期限转换的不利方面在于，许多放款者有时的确会同时想要回收款项。银行挤兑就是最明显的例子。人们在银行的分支机构外面排队等待取出现金。只有在发生银行挤兑的那一刻，才显示出期限转换的魔法只是廉价的把戏。银行手头没有足够的存款来满足需求，因此取出储蓄的人是那些最先出现的顾客，人人都有利益需求加入挤兑。美国是在 20 世纪 30 年代引入存款保险的，而大部分国家是没有存款保险的。存款保险的目的是为了让人们确信，即使银行破产，在一定数额以下的存款范围内，储户是绝不会遭受资金的损失的，以避免挤兑的发生。

银行通过作为存贷双方的中介来解决流动性问题。银行承诺，即使是在银行将存款长期贷给了借款者的情况下，存款者也可以即刻取出他们的存款。公开证券市场通过为买卖双方提供直接交易场所，以另一种方式处理了流动性问题。这意味着理论上，证券（债券或者股权）的所有者可以随时在他 / 她希望的时侯卖出证券。

证券市场的出现

最早的证券市场也可追溯到中世纪意大利的那些城邦，如威尼斯和热那亚等城邦迫使有钱人向它们放款，但是它们转手将这些债务整合成可以出售给他人的金融产品——债券。但股票交易所始于 17 世纪的阿姆斯特丹，那时海上贸易再度成为了故事的核心。

航运公司传统的融资是视每次航程而定的：一旦航行已经结束，航运公司就会被清算。荷兰东印度公司（运用其荷兰语首字母缩略词，称为 VOC）在 1602 年成立，该公司被授予了 21 年专营荷兰与荷兰在亚洲殖民地之间的贸易权。为了筹集扩张资本，VOC 立即公开募股并给予股东分享其收益的资格。这非常具有革命性，但是对我们的故事来说，最重要的是如下的事实：VOC 的董事们最初无视一项有关“暂定为 10 年后清算公司”的规定，后来又要求对该公司 21 年的特许经营权进行展期，这项要求得到了同意。而其他航运公司的投资者却面临着巨大的风险，尽管这些投资者此前很自信地认为，他们可以通过清算能得到还款。然而，VOC 关上了这扇退出的大门，VOC 有固定金额的资本，并且无意关门歇业；该公司直到 1800 年才解体。为了弄回自己的钱，投资者们要么需要找到一种长命百岁的方法，要么需要一个二级市场，来让他们可以在需要时卖出（或者买进）自己的股权。

于是，阿姆斯特丹股票交易所扮演了这一角色。该交易所快速开发了现代交易所的许多属性，各种金融衍生品迅速出现。在 1602 年申购 VOC 股票后仅仅五年，远期交易（在未来一个日子以一个固定的价格买进股票的协议）就开始出现在阿姆斯特丹公证人的文件里了。期权（以某一价格买进或卖出股票的权利）和回购交易（卖出证券的同时协议未来购回）随后很快出现。

做市商也是最早出现在阿姆斯特丹的。尽管市场理论允许买者和卖者直接交易，但是要在需求和供给之间精确配对的可能性很低。17 世纪，一位想购买 VOC 股票的阿姆斯特丹市民或许在新建的交易所大楼里，能够在指定交易时间里找到一位现有股东，而这位股东正好愿意出售相同数量的 VOC 股票。但是想买股票的人也有可能不得不连续数天在周围等待。对流动性的保证来自做市商，做市商是中介，持有 VOC 股票和现金的存货，从而满足任何想要买和卖 VOC 股票的人的需求。

最早的成功做市商似乎是 17 世纪的两位荷兰兄弟：克里斯托弗尔·拉斐恩（Christoffel Raphoen）和扬·拉斐恩（Jan Raphoen）。关于拉斐恩兄弟做市商的角色证据来自他们在 VOC 股票的交易记录。尽管进行了大量交易，但是他们在 VOC 公司的投资资本总的来说很低，这说明他们是通过交易 VOC 股票赚钱的。通过提供流动性，拉斐恩兄弟使得人们更容易买卖股票，进而使得市场对于金融交易者更具吸引力，并提高了该交易所的交易规模。尽管拉斐恩兄弟不会认可他们交易模式的现代版——电脑化的交易公司以令人惊愕的速度在所持股份上急速进进出出，但是两者的功能却是极为类似的。

保险市场的兴起

保险市场在 17 世纪也有很大的跨越，这源自一位名叫托马斯·菲里诺（Thomas Farynor）的伦敦面包师的健忘。他未能及时地熄灭自己位于布丁巷（Pudding Lane）的店铺的火炉灰烬，从而导致 1666 年 9 月 2 日凌晨燃起了一场大火，4 天后大火已经蔓延到伦敦市中心地带，烧毁了 13 200 座房屋。伦敦大火修改了伦敦的天际线：火灾过后，重建圣保罗大教堂和另外50座教堂的任务被交给克里斯托弗·雷恩爵士（Sir Christopher Wren）。

大火也激发了尼古拉斯·巴本（Nicholas Barbon）的灵感。巴本是一位精力旺盛、富有进取心的地产开发商，他原来是位医生，中间名字“If-Jesus-Christ-Had-Not-Died-For-Thee-Thou-Hadst-Been-Damned”很是引人注目，意思是“若不是耶稣基督替你受死，你已经下地狱了”。巴本的保险事务所被认为是世界上最早的保险公司，该事务所收取保费，为伦敦的房主提供火灾保险。他的做法体现了私人部门对伦敦大火所暴露出的脆弱性的反应。像那些很快出现的竞争企业一样，巴本的公司雇用运水人沿着泰晤士河活动，在发生火灾时就是私人的消防力量。该事务所也开始运用市场定价的力量来影响房主的行为，对于那些由木材建造的房子收取的保险费远远高于那些由砖建造的房子。

与传统的海事保险合约相比，巴本的创新有着非常不同的逻辑。正如在VOC问世之前，航运公司的寿命是有限的那样，最早的保险协议是为每个单独的航程签署的。而像巴本这样的人对于仅承保一所房子的火灾风险是不感兴趣的。保险需要承保更多的风险，不仅仅是为了赚更多的钱，也是为了更加安全。对于“大数定律”不太准确的解释是，保险公司承保的越多，其实际损失等于其预期损失的概率也就越大。

证明这一定理的一种方法是运用一种名叫高尔顿钉板（Galton Board）的装置（见图1—1），高尔顿钉板由钉在一块垂直板子上的一行行间距相等的钉子构成。每一行的钉子是交错的，这样一来，当从钉板的顶部落下一只小球时，小球撞到第一排的一个钉子，然后撞到下一排的一个钉子，以此类推。每次小球撞到钉子时，它向左或者向右的概率各为50%。但是要使小球最终落在边上，小球必须在一个方向上发生多次的偏离，因此在小球达到底部时，更可能落在板的中间。在统计学家们所称的“正态分布”中，少许小球可能最终落到极端的位置，但是大部分最终会聚集在中间地带。如果你只落下一只小球，你可能不走运，让一只异常的球落在了边缘。但是你落下的小球的数量越多，你的平均结果就越接近预期结果。大数降低了出现异常的平均结果的可能性。

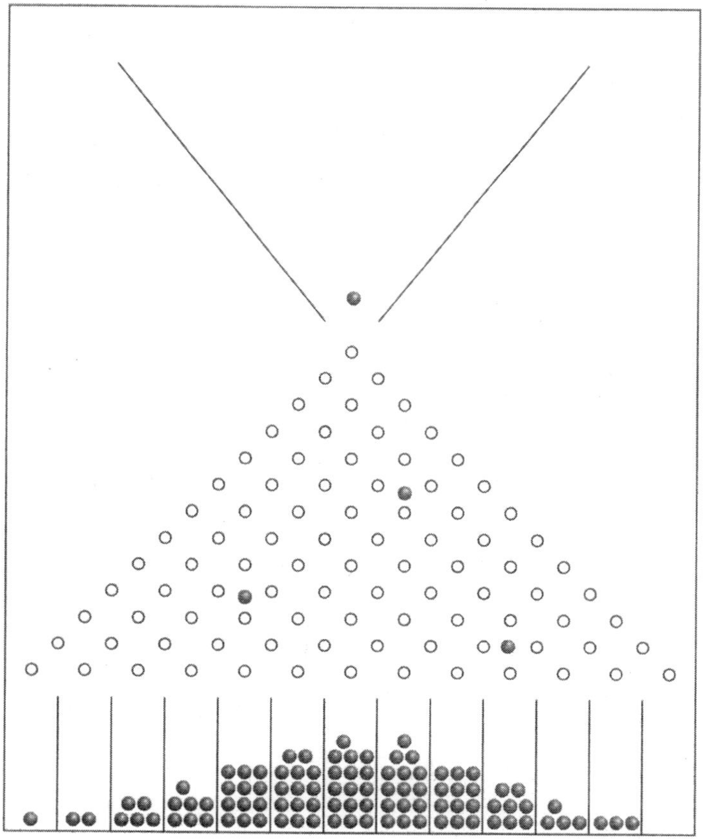

图 1—1　高尔顿钉板图例

资料来源：马欣·佛罗然（Marcin Floryan）

|数学对金融创新的巨大作用|

在思考金融创新的历程时，诸如大数定律这样的数学洞见发挥着巨大的作用。大数定律这一特殊定律是由瑞士数学家雅各布·贝努利（Jacob Bernoulli）在其1713年发表的遗作中正式提出的。在中世纪的意大利，金融进步在很大程度上是受到数学突破的拉动的。“宽客”（quants）指的是如今那些遍布在金融领域的数学神童，在“宽客”一词被创造出来之前，“宽客”已经是金融业的一大部分。

斐波那契对金融的贡献

金融数学领域最早的践行者之一是比萨的列昂纳多（Leonardo of Pisa，1170—1240），又称斐波那契（Fibonacci），对于我们来说后一个名字更为有名。他的《算盘书》（*Liber Abaci*），又称《计算之书》（*Book of Calculation*，1202），因为列出了斐波那契数列（在该数列中的数字是其前面两个数字的和：1，1，2，3，5，8，以此类推）而出名。斐波那契数列在很多自然场景下都能够被观测到。但斐波那契数列也包含了许多现代金融中非常熟悉的实用性计算。其中一种技术可以让商人计算出诸如藏红花和胡椒等香料的相对价值，就像当代的套利者评估不同证券的相对价值，并指望利用定价中的异常来获利一样。另一个是在“康曼达”有多位金融投资者时，在他们中间进行利润分配的方法。在斐波那契的洞见中，最为重要的或许是计算出未来现金流“现值”的方法——也就是，在钱能赚取利息的情况下，未来的一笔钱今天价值多少。从企业弄清楚是否投资一家新工厂，到养老金计划评估是否有足够的钱偿付参与计划成员的退休金，“贴现”的过程无疑是今天财务分析的核心，并且与800年前的斐波那契有着密切的联系。

数学计算催生了年金投资

如果相比其更为著名的观察理论，斐波那契对金融的贡献要鲜为人知的话，那同样的情况也发生在爱德蒙 • 哈雷（Edmond Halley）身上。哈雷也是过去历史长河中所诞生的一位伟大的博学者，他是英国一流的天文学家，地球上每 75 年到 76 年能看到一次的那颗彗星——哈雷彗星就是以他的名字命名（哈雷彗星下一次出现预计在 2061 年）。这颗彗星为哈雷赢得了不朽的声誉，但是哈雷在金融上的主要突破却是与死亡相关。哈雷开发了第一张合适的“生命表”，利用来自德国布雷斯劳市的人口统计学数字，计算了这个城市的居民自出生到 84 岁每个年龄段的在世人数。例如，他的数字显示，这个城市活着的人中，一岁年龄段有 1 000 个人在世；两岁年龄段存活的人有 855 人；三岁年龄段存活的人有 798 人，以此类推。这些信息使得他能够基于被保险人的年龄和此人还可能活多少年以及利率，来计算终身年金（一种保险产品，向某人每年支付一笔款项，直至此人身故）的现值。因此，哈雷于 1693 年发表的有关终身年金的论文无疑象征着保险精算职业的一次重大变革。

之后，年金业务中的多元化准则被近一步利用，并预示了证券化的发展。证券化的实质是将许多产生收益的不同资产（按揭贷款、汽车贷款、租金付款，等等）捆绑在一起，成为一种独立的证券。证券化的概念至少可追溯到法国大革命之前。18 世纪的法国政府常常通过出售终身年金（rentes viageres）来筹集资金。债权人先预付一笔钱，政府会在他（或她）的余生向其支付年金。1750 年之后，这些保单成为了新贷款的主要来源，到 1789 年，这已经发展成为了法国公共债务的最大组成部分。最初，年金的规模常常根据购买者的年龄变化而变化：老年人在世的时间平均较短，获得较高的年金额，而年轻人获得较低的金额。但是从 1770 年开始，不论年龄大小，法国政府对年金领取者支付统一的金额。

当涉及金钱问题时，人们可能会由于各种类型的行为缺陷而受损。但是人们似乎非常善于开发财务机会。年金变成单一的金额意味着，支付给年轻人的年金价值大于支付给老年人的年金价值。当时，为第三人购买年金是完全允许的。因此，显而易见，人们要做的事情是为自己的子女购买年金，尽管这些子女已经度过了危险的幼年时期，但是他们仍然非常年轻，未来还有很多年的年金等着他们去支付。法国政府支付给那些年龄在 5 岁至 15 岁之间的年金持有者远远超过了其他任何年龄段持有者的金额。一种产品或一个市场吸引更高风险客户的倾向被称为“逆向选择”。在上述示例中，逆向选择所产生的影响对法国不利。理想的领取年金者应该是地球上那些时日不多的人；相反，法国人则致力于把钱发给那些存活时日最长的人。

最积极采取行动并利用这一机会的是来自日内瓦的银行家们。但是他们也有问题需要商议。最重要的是，儿童仍有可能会早亡，使得那些年金的购买者严重地亏本。于是，日内瓦的银行通过其在巴黎的分行，将这种风险分散。他们开始挑选来自日内瓦家庭的年轻女孩，尤其是选择那些有长寿记录的家庭，并且必须是天花的幸存者，然后将这些女孩分为不同的集合，其中最常见的类别是一个 30 人组合，这是为什么这个方案被称为“30 名日内瓦女孩”（trente demoiselles de Geneve）。这个年金池的一部分被出售给个人投资者，银行的筛选程序中使得投资者安心地认为自己投的是高质量资产。这难道不是在投资由银行家筛选并打包的多元化资产池的未来现金流吗？对于那些将美国按揭贷款打包成证券称为逻辑的人来说，这似乎有些似曾相识。

金融与“大数据”世界的早期接触——运用数学和数据的结合来快速定价和更好地管理风险，也曾遭受过熟知的失败。在正态分布中，大部分结果集中在预期范围的中部，只有少数落在边缘。依据正态分布的理念，这就意味着极端风险往往被轻描淡写。这正是近期金融危机中所发生的事情，当时美国全国性房价下降的极端风险被忽略了。对正态分布的信赖，也使日内瓦人犯了错误。对日内瓦人来说，极端风险不仅仅像是一场灾难或流行病，扼杀了他们的投资，还包括“对手方风险”的问题。即使这些女孩活到了老年，也只有在对手方——也就是法国政府——在这些女孩的整个人生中持续付款的情况下，这一投机才是成功的，但是这一投机失败了。法国大革命之后，法国的国家债务在 1794 年被重组，年轻人年金的投资者遭受了惨重损失。

| 铁路对金融业发展的巨大推动 |

金融的进步受到了多重因素的推动：其一，是事件的力量，例如伦敦大火；其二，是在信息评估上的进步，不论是诸如斐波那契等人的理论洞见还是哈雷的生命表那样的实践应用；其三，是新技术的发展。直至公元 1500 年左右，海上贸易的需要推动了金融业的发展。另一种交通工具——铁路则是下一个推动金融业发展的巨大推动力。

铺设绵绵不断的铁轨是资本密集型的商业体现：英国在 1847 年的建设高峰年份，铁路投资总量几乎达到该国一年国内生产总值（GDP）的 7%（相比之下，20 世纪 90 年代电信的巨大繁荣期所耗资本总量仅占美国几年 GDP 的 1% ~ 1.5%。)。这意味着企业必须募集到大量资金。由于当时像阿姆斯特丹那样的交易所已经存在，因此以股份公司形式从众多投资者中筹集资本的理念已蔚然成风。诸如计算净现值等技术，为投资者和银行家们提供了理论工具，来挑选支持项目。但是铁路仍为投资者带来了各种各样的新挑战。

信用评级机构的孕育而生

其中一个挑战就与信息筛选有关。如果说金融的职责是将资本分配给生产效率高的企业，那么金融需要找到一种方法来区分投资机会的好坏，一旦资金到位，还要监督项目的进展。然而先前的技术在地理范围上是受限的，只有当地资金提供者才能够相对容易地对项目进行评估，而铁路则是跨越远距离深入边远地区，尤其在美国更是如此。以关系为基础的金融业被再度推向其自然的极限。

于是，专业金融机构的出现有助于将资本引导到铁路，并通过在它们所投资的铁路公司的董事会任职，来监督投资。并且，随着铁路越来越多地借助证券市场筹集资金，这些专业机构催生出了标准化信息的新格式，来协助分布广泛的投资者做决定。于是信用报告公司孕育而生：经多家公司合并而成的邓白氏公司（Dun and Bradstreet）就是在 19 世纪中叶诞生的。报道铁路业的行业媒体纷纷涌现出来。在 1849 年至 1862 年期间，《美国铁路杂志》（*American Railroad Journal*）的总编是一位名叫亨利 • 华努墨 • 普尔（Henry Varnum Poor）的人，他的公司就是后来的标准普尔公司（Standard & Poor's）中的普尔（Poor）。随着铁路的不断繁荣以及对运输信息需求的增长，1909 年产生了第一份信用评级，但这不是普尔，而是由另一位行业名人约翰 • 穆迪（John Moody）出品的。穆迪所做出的最早评级都是有关美国铁路公司的债务的。与标普和惠誉（Fitch）一起，穆迪（Moody's）成为了当今信用评级业的三大巨头。

提到信用评级，会让我们想到，金融在其评估风险的任务中并非总是成功的。当投资者因一项新技术而变得兴奋时，其平时里仔细的筛选在此时会轻易地让位于不顾一切的争夺。金融业的历史也是贪婪、投机过度、快速致富美梦，以及使人更快速变穷的投资历史——其中暗藏着欺诈和欺骗。要想了解那些微不足道的东西多年来是如何变化的，你可以拿起一本名为《混沌中的混沌》（*Confusion de Confusions*）的书来阅读，这本书是由一位来自葡萄牙的犹太人约瑟夫 • 德拉维加（Josoph de la Vega）撰写的，于 1688 年出版。德拉维加的这本书的主题是阿姆斯特丹股票交易所。在书中，他不仅描写了人们所熟悉的产品的场景，而且还描述了一系列人们所熟悉的行为。他在书中还评述了“羊群效应”（herding），即投资者模仿他人的行为；评述了过度自信；过度交易，由于过度买卖所带来过高的交易成本，直到今天过度交易仍然令投资者的成本居高不下；他也评论了“趣向效应”（disposition effect），即人们持续长时间持有亏损的投资。

这还仅仅是在正常时期。人们确实偶尔会丧失理智：在 21 世纪初，人们对房地产的狂热；在 20 世纪 90 年代，人们对互联网公司的狂热；在 19 世纪中期，人们对铁路的狂热。19 世纪 40 年代，英国铁路的繁荣变成了投机泡沫，最终导致富裕的投资者遭受损失，其中包括查尔斯•达尔文（Charles Darwin）、约翰•穆勒（John Stuart Mill）和勃朗特（Bronte）姐妹。1855 年的《经济学人》写道：“铁路，因其多重的便利和发明而成为了时代和国家的荣耀，但在商业上，它们却是巨大的失败。”

优先股与收益债券

然而，金融困境对于创新则是另一种刺激。当 19 世纪末美国铁路遭遇大规模不景气时，许多公司不得不面对债务消极的一面：无论环境如何，债务意味着无情的偿还义务。在铁路公司寻求降低固定偿付压力时，新的金融工具出现了：优先股就是其中一个解决方案。在红利方面，优先股股东比普通股股东享有优先权，但是管理层有权决定是否分配红利；另一种解决方案是收益债券，收益债券的债务偿付取决于企业的盈利能力。类似的修补方案使得铁路公司得以维持高水平的资本支出和较长的投资回收期，而不至于陷入破产。

事实上，另一种思考金融创造性的现代史的方法是，将其看成资本的两种基本形式——债务和权益——的一系列循环往复。对证券规则的修改创造了那些更精确地匹配投资者与发行者需求的金融产品。优先股和收益债券的例子，说明了资本结构是如何能够得以改善，以及现金流是如何能够基于其他事件而变化的。第一个保护投资回报不受物价上涨侵蚀的通货膨胀保值债券，是在1780年美国独立战争期间由马萨诸塞联邦发行的。通货膨胀保值债券是一种延后补偿，主要目的是保护美国士兵免受物价严重上涨的影响。这笔债券之所以能做到这一点，是因为在购买力价值方面的详细说明："本金和利息将以上述州当前流通的货币来支付，总额或多或少依据五蒲式耳的玉米、六十八又七分之四磅的牛肉、十磅的绵羊毛和十六磅的鞋底皮的当时价值，按照上述物品的现价计算，总额或多或少应当高于或低于一百三十镑当前的流通货币。"

当前从金融中涌现出来的多数新产品也是对已有证券的改进。这些"新"产品往往只是作了微调。如果问一位银行家在他的职业生涯中，他最自豪的是什么，他很可能会饱含热泪地回忆神秘的第一次——一种新的巴拉圭资产抵押证券的"升级息票"或者同样晦涩的某种东西。

工业革命时期的金融演进

到了19世纪铁路革命时期，金融已经演进到了它可以支持大型工业企业的程度。随着财富和政治权力变得更加分散，金融也在不断地吸引着越来越多的人进入到这个行业中。在不同的社会，这个民主化进程所采取的形式也不尽相同。例如，在日本，金融是日益变化的政治经济的一个重要组成部分。在现代金融市场，"武士债券"一词的意思是一种以日元计价、由非日本企业在日本发行的债券；第一笔这样的武士债券是由亚洲开发银行在1970年发行的。但是之前还有先行者。在日本明治时期，在所有可能因日本现代化而受损的群体中，武士阶层所面临的危险最大。1873年，日本推行征兵制，消除了武士担任军事职位的专属权。1877 年的萨摩叛乱正是武士不满情绪最为严重的集中爆发：在叛乱中，两万名前武士失去了生命，六千名政府军军人丧生。

此次武士的战败在压制武士方面发挥了作用，但据美国斯坦福大学的桑米特拉 • 贾（Saumitra Jha）称，金融为武士在新时代中争取到了利益。传统上，武士的报酬是以大米的形式支付的。1876 年，日本新中央政府将这些报酬转变为有息政府债券：超过 30 万名前武士获得了这种债券。与此同时，银行监管也发生了改变，因此银行必须持有大量的“武士债券”，这些“武士债券”被转换为权益。因此，截至 1882 年，武士持有日本银行整整四分之三的股票。拥有银行彻底地降低了军事叛乱的吸引力。金融回报的前景——桑米特拉 • 贾称之为“在共有未来方面对金融求偿权的利用”——让武士分享到日本现代化的部分利益。

欧洲和美国也在以不同的方式推广金融特许权。工业化创造了一个新的工人阶级。储蓄银行作为鼓励穷人为预防老年和生病而存钱的一种办法，在 19 世纪的欧洲很普及。随着社会变得更加繁荣，人们可能有比预防性储蓄更高的目标。曾经为有钱人专有的投资开始变得大众化。例如，1917 年，美国介入第一次世界大战，这就意味着美国政府必须在资本市场上发行大量债务；为了达到此目的，美国政府开展了一场全国性的推广活动，旨在说服个人购买面额较小的债务。到 1919 年美国发行其“胜利贷款”时为止，零售投资者已经对政府债务呈现出空前的热情：申购的零售投资者达到 400 万人。

权益市场走的是类似的道路，从富裕的投资者到小人物。查尔斯 • 美瑞尔（Charles Merrill）最初于 1915 年创建了一家名叫美林（Merrill Lynch）的经纪公司，但是直到 20 世纪 40 年代，该公司二次腾飞时，美瑞尔才明确地关注零售投资者。该公司在美国各地开设分支。市场营销和推广形成了他战略中的一大部分。美国历史上最著名的广告之一就是 1948 年美林公司在《纽约时报》上刊登的一则广告，一篇密密麻麻排列了 6 000 字的投资指南——“关于股票和债券生意中所有人都应当了解的东知识”。尽管这则广告标题看起来令人生畏，但却写得通俗易懂，非常成功：在这则广告刊登期间，该公司获得了超过 300 万零售投资者的响应，零售投资者对一个复杂主题的通俗易懂的叙述心存感激。随着 20 世纪的进程，财富的增长使得越来越多的人通过借债购买了他们自己的住宅：美国家庭的住房拥有率从 1940 年的 43.6% 升至 1980 年的 64%。

|金融的衍生品时代|

衍生品市场的兴起

这一贯穿整个金融创新史的快速旅程还有最后一站：衍生品年代。衍生品是价值衍生于其他基础资产的金融工具。正如我们所看到的，从泰勒斯对橄榄油收成的下注，到 VOC 股票价格的远期交易，衍生工具已存在了几个世纪。世界上第一个期货市场是诞生于 18 世纪的日本大阪堂岛大米期货交易。但是，衍生品的真正兴起是在 20 世纪 70 年代和 80 年代，作为新的金融工具来管理利率的上下波动、汇率浮动、借款者违约，以及大宗商品价格的快速变动。

第一笔利率期货于 1975 年 10 月推出。这是一个在特定的未来时点、以特定的价格买进或者卖出一种债务产品的协议。因为债券价格的涨跌是与利率走势呈反向关系的，那些已经购买了债券的投资者可以通过卖出利率期货来避免利率上升的损失：因为他们在一个交易上受损，则会在另一个交易上获利。最早的利率期货是有关一类按揭贷款支持证券；这为交易更为活跃的国债期货合约铺平了道路。

其他类型的衍生品接踵而至。第一个利率互换出现在 1981 年。在利率互换中，浮动利率贷款的借款者同意与固定利率贷款的借款者互换偿付金。基于标普 500 指数的权益衍生品合约则于 1982 年问世。信用违约互换出现于 20 世纪 90 年代，它类似一种保单，在借款公司违约时可使保单持有者免受违约的打击。衍生品市场规模在 2007 年—2008 年金融危机之前持续增长。在 1995 年至 2007 年期间，达到年均 24% 的扩张速度，大大快于权益市场（11% 的年增长率）和债券市场（9%）。

在 20 世纪发挥作用的各种金融力量，在衍生品时代也继续发挥着作用。首先，令抨击金融的人感到难堪的是，真正的需求得到了满足。在过去几十年中，世界金融体系的变化为银行、企业和投资者带来了需要应对的新风险。设定为固定汇率的布雷顿森林体系在 20 世纪 70 年代的终结，意味着汇率可能上升和下降：外汇衍生品提供了对冲这种风险的方法。20 世纪 80 年代初期，随着时任美联储主席保罗·沃尔克（Paul Volcker）抗击通货膨胀系列举措的出台，美国的利率大幅跳升，给予人们更多的理由来对冲利率波动。全球化加剧了跨国公司业务的复杂性，发生在 20 世纪 90 年代后期的亚洲金融危机使人们深刻认识到新兴市场经营业务的风险。20 世纪 80 年代，在历经一批银行在美国储贷危机中倒闭之后，信用违约互换为银行降低违约带来了希望，因为信用违约互换的卖家承诺，在借款者违约时，卖家将支付偿付金。

当然，需求并非总是如此崇高的。通过使放贷看起来风险不那么大，信用违约互换也意味着金融监管者乐于让银行通过减少股权资本来自筹资金，从而进一步使得银行对于股权投资者来说更具吸引力，股权投资者为获得回报，也会相应降低投资的金额。另外，投机者投资衍生品市场，不是为了对冲真实的风险，而是为了从价格波动中获利。

期权定价理论的突破

推动衍生品市场蓬勃发展的第二个因素来自另一项理论的突破。之前，期权定价始终给人一种有点儿随手比划瞎猜的感觉：没有什么好的办法为在未来买进或卖出某个东西的权利进行定价。直到 1973 年，费希尔•布莱克（Fisher Black）、迈伦•斯科尔斯（Myron Scholes）和罗伯特•默顿（Robert Merton）三位美国学者解决了期权定价问题。他们得出的答案是用现在被称为“布莱克－斯科尔斯公式”（The Black-Scholes Formular）的形式表达出来的，这个公式是基于一个简单的理念：两个有同样结果的东西应当价钱一样。期权的价格，应当与构建一个达到同样结果的投资组合所付出的代价的总额相等。布莱克－斯科尔斯公式使对期权的快速定价成为可能，并且为衍生品市场的爆发性增长铺平了道路。希腊学者甚至运用这个公式来计算两千多年前泰勒斯应当为他的橄榄油期权支付多少钱。

科技驱动下的衍生品

衍生品的第三个驱动力来自科技。我们已经看到像铁路这样的新技术如何要求金融适应变化，以提供适当的融资和筛选机制。但是新技术也能够更为直接地影响金融，金融业的计算机化就是最好的例子。例如，常规任务的自动化使得基金管理人能够更为经济地管理人们的储蓄，这有助于促使机构资本这样的大池子快速增长。机构投资者——像富达（Fidelity）、贝莱德（BlackRock）这样的职业基金管理人——的成交量直到 1963 年才超过纽约证券交易所（NYSE）总成交量的 28%；到 1969 年，伴随着计算机的广泛使用，机构投资者的成交量已占到了纽约证券交易所总成交量的 52%。技术的进步也将布莱克－斯科尔斯公式从理论演进为实践：得州仪器和惠普等公司制造的计算器很快地吸收了该公式，使得交易员能够在交易大厅里自如地运用这个公式进行计算。

| 从金融创新史得到的教训 |

我们从对金融创新的上述概览中能得到什么样的教训？其中之一是，那些认为最近的全球危机意味着历史的终结的观点是大错特错的。金融创新的主要驱动因素——需求、理论洞见以及科技——仍然在为金融业源源不断地输送动力。事实上，正如我们将在本书第二部分中看到的那样，这些驱动因素正在提供比以往更大的驱动力。国家筹集和支出更多钱的能力正在接近其极限，这就意味着，在当前，让私人资本来支撑诸如养老金规划和福利支出等问题的必要性比自 20 世纪初期以来的任何阶段都更加紧迫。2007 年—2008 年的金融危机已经提供了对金融体系行为的新洞见，许多创业者正寻求利用这些新洞见的机会，并且互联网直到现在才真正地在瓦解金融业。在继银行和机构的发明以及交易所的普及之后，互联网提供了第三种方法，将资本的供应者和接受者结合到一起。

此外，新的监管给创新带来了动力，自 2008 年以来，新的监管条例大量出台。当然，这也不是什么新鲜事。欧洲债券市场作为最早的现代国际资本市场，其快速增长得益于美国前总统约翰 • 肯尼迪实施的一项税收政策，该政策旨在阻碍美国人投资海外证券；相反地，国际企业转向新兴的欧洲市场来获得以美元计价的借款。回溯到更久远时期，在 17 世纪历经了的“郁金香狂潮”的荷兰买家使郁金香的价格急剧上升，甚至超过了在阿姆斯特丹购买一套联排别墅的钱，人们通常将“郁金香狂潮”归咎于不理性的投机。而郁金香价格的急剧上涨却发生在 1637 年年初政府对一项合约修改的批准之后，这项合约修改意味着郁金香的买家不再有义务在未来以协定的价格购买郁金香。这一变化相当于把期货合约变成了期权合约，并给予投资者更多的动机来囤积郁金香。投资者知道，如果郁金香的价格没有上涨到足以值得行使期权的话，那他们就可以支付一小笔费用来取消该合约。因此郁金香的价格飞涨。用一位学者的话说，“郁金香狂潮”只不过是“合约假象”。当前监管行为的集中爆发，势必将对金钱如何在金融体系中流动产生类似的无法意料的影响。

许多人是不大可能对另一个金融魔法时代的说法感到兴奋的，而更多的是可以理解的担忧，上一轮的创新——所有这些信用违约互换以及复杂的按揭贷款证券化——的结局相当糟糕。但是，当我们将其放到金融历史的长河中进行审视时，呈现出来的却是一个完全不同的故事。当社会面临巨大问题时，金融则倾向于参与到解决方案之中。人们一旦开始交易，就需要一种交换手段或货币；农民们一旦需要资本购买更多的家畜，他们就发明了信用；商人一旦在海上航行，他们就需要保险来保护他们免受船舶失事风险的打击。

对于古代真实的事情，对于现代世界也同样真实。学术和实践证据说明金融发展总是与经济增长相伴而生。对 1830 年至 1930 年期间巴西和墨西哥的比较分析显示，巴西更为进取的金融自由化放松了企业接受外部资本来源的限制，为其带来了比墨西哥更快的工业扩张。2002 年一项对意大利的分析显示，如果一个人从意大利金融最不发达的地区迁居到意大利金融最发达的地区，那么这个人创业的机会将增加三分之一。跨国的对比说明，金融发展降低了收入不平等。对于坦桑尼亚家庭的一项研究显示，由于歉收造成的对生活水平的临时冲击，导致了许多家庭为了减轻家庭负担而不得不让儿童工作，而那些能够获得信贷的家庭则可以很好地避免他们的孩子辍学。

对于上述观点，金融业的批评者有一个现成的反应，他们会说：“金融很可能是有用的，但是只是在某种程度上。到了某个时刻，金融发展的回报就会递减。”如果金融业规模发展得太大的话，它就会开始把人才从企业行业吸引走；如果债务水平超过某一程度，发生危机的概率就会上升；如果住房拥有率持续不断地上升，那么那些目前没有足够收入来维持按揭贷款的人最终必然会进入拥有房产的阶层。这样的批评者会说："近年来，我们已经最为真切地看到了这样的过度"金融化"的损害，最显而易见的是，它不仅体现在 2007 年—2008 年的金融危机中，还体现在其他领域中，如股票交易所的自动化。"但是这种批评没有增加任何反对创新的论据。如果说有什么不同的话，那就是这种批评反倒削弱了反对创新的论据，因为它强调金融的真正问题并不在创新之初，而在于产品从最初的萌芽状态走向已确立的市场的过程之中。

第 2 章

Smart Money
How High-Stakes Financial Innovation is Reshaping Our World—For the Better

金融并非创新惹的祸

|故障频发的金融业|

第一章描述了金融方面的突破是如何在人类历史的长河中帮助企业发展，并让其雄心得以施展的。但是任何试图为金融业辩护的人都必须认识到，金融业的故障出现得是如此频繁，后果是多么糟糕。卡门•瑞哈特（Carmen Reinhart）及肯尼斯•罗格夫（Kenneth Rogoff）在他俩合著的《此次不同》（*This Time Is Different*）一书中，对几个世纪以来的债务危机做了深入透彻的回顾，并分析了银行业危机的经历。令人郁闷的是，这样的崩溃在发达和发展中经济体都是常见的。例如，自 1800 年以来，英国、美国和法国已经分别经历了 12 次、13 次和 15 次银行业危机。

美国第一次紧急财政救助发生在 1792 年，当时美国联邦债务价格的泡沫和随后的暴跌激起广泛的恐慌。美国第一任财政部长亚历山大•汉密尔顿（Alexander Hamilton）为了让国家刚诞生的金融体系免遭严重的损害而孤注一掷。除了其他措施外，他大量买进政府债务以便支撑其价格和保护那些拥有这些债券的银行，向需要的放款人提供现金。这是美国历史上第一次（但不是最后一次）在金融业陷入困境时国家所介入的救助。

在此之前，其他国家已经经历过繁荣和萧条。1720 年，英国发生了南海泡沫，南海公司（South Sea Company）股价暴跌。南海公司之前被授予了与南美交易的垄断权。同一年，法国投资者因所谓的密西西比项目的崩溃而遭受打击，为该项目，还专门成立了公司，来开拓现已为美国领土上的经济机会，投资人认购了这家公司的股份。之前 17 世纪的荷兰还发生过“郁金香狂潮”。甚至在古代，世界也经历过金融恐慌。罗马帝国在公元 33 年经历了一场危机，当时的法令要求将一定比例的钱投资于国内，对这一法令的执行促使放款者不得不收回在其他地方的贷款，从而导致了广泛的金融受挤压。由此可见，金融可能推动我们前进，但它又很容易导致大量的麻烦。

|金融创新的贡献与破坏性的两难问题|

本书的论点是，金融创新是人类在解决世界大难题的努力中必不可少的组成部分。如何能够将这一论点与金融业破坏性的倾向协调一致？答案在于创新与机构化之间的区别、创造性的火花与建立适当市场之间的区别。在发展超越一定的规模和超越某一点之后，好的理念有失去控制的倾向。

当然，一些金融产品从一开始就是令人生厌的。一些在美国近期房产泡沫顶峰时成长起来的按揭贷款产品（比如负摊销按揭贷款）就像是一个有着超长导火索的、装满三硝基甲苯（TNT）的炸药箱。结构性投资载体（Structed investment vehicle，SIV）作为一种为利用银行监管漏洞而创造出的表外工具，其终结并没有得到太多的惋惜。新产品背后的动机并非总是无懈可击的。我记得就在 2008 年 9 月雷曼兄弟破产仅仅几个星期之前，我曾经在伦敦跟雷曼兄弟公司的一位非常资深的银行家会面。当我们讨论到本是为保护他本人所处行业而最新出台的对卖空银行股的限制政策时，他猛地将头转向金丝雀码头（Canary Wharf）对面的监管者办公楼的方向，然后恶狠狠地说道："不论这些该死的白痴在星期一想出什么规则，到星期五我总能找到一千种方法绕过它。"（除非你已经破产了，否则你不会找不到。）

但是，与实践应用正好相反的是，即使是现在，也很难对刚刚过去的众多最被妖魔化的产品概念挑毛病。以证券化和信用违约互换为例，认为它们没有问题的，只能是思路狭隘的体现。通过将风险传递给他人，证券化给予银行放松贷款审批标准的动机，而收拾残局的却不是银行。同样地，信用违约互换所提供的保护可能会削弱放款者在提供信贷时保持小心谨慎的动机，因为放款者在借款者违约的情况下可以获得偿付金。但是瑕不掩瑜，在 2007 年—2008 年金融危机之后，金融体系远比美国保守得多的印度发行了首笔信用违约互换交易。这正是基于印度意识到了信用违约互换这种工具将有助于吸引放款者和建立国内债券市场而发行的。证券化自日内瓦银行家们用之投资于法国大革命前的法国债务以来，已经以多种形式存在了。证券化意味着放贷可以通过比银行更大的资金池来完成。在危机之后已准备好视美国金融为万恶之源的欧洲政策制定者，现在也在急切地鼓励证券化，而不是过度依赖银行体系。

金融创新的问题并不是产品有"原罪"，而是金融体系被设计去改变这些产品，以至于这些产品变得更加危险。相比其他行业，金融是在更快速持续的实践中演变的。源源不断的新产品也无需受到物理限制。金融创新的原材料很便宜：往往一个想象力丰富的头脑和一张纸就足以想出新的创意来。

金融对新鲜创意总是有着极大需求。阿姆斯特丹股票交易所的早期历史就是一个明证。仅在荷兰东印度公司股票交易开始后不久的 1602 年，人们便很快开始利用这只股票作抵押借款了。有记录的最早使用是在 1607 年 8 月，当时一位荷兰贵族用 VOC 股票从当地一位商人手中借款。在标准印刷交易表格使用便利的促进下，到 17 世纪 40 年代，一个类似的成熟的融资市场已经成型。基于基础股票的衍生品市场也在迅速出现。随着投资者就股价未来走向进行投机，1607 年，远期合约（在未来某个日期以确定的价格购买股票的义务）开始出现在公证人的记录中。

今天的情况与以前并没有什么不同。据 1989 年发表的一篇论文统计，在 1987 年所有公开发行的证券中，几乎有 20% 的金融产品在 1974 年时尚未存在。一篇 2002 年发表的后续论文统计发现，从 20 世纪 80 年代初期到 2001 年间，有 1836 种不同的新公开发行证券，而这还没有包括私募交易。

然而，要使一种新的金融产品真正兴起，就需要有足够数量的用户。用户众多是提供“流动性”这一万能药的保证，它使得拥有资产的人可以迅速出售资产并变现。流动性意味着交易证券的成本下降，因为买家和卖家都不必花费太多的时间找到彼此。通过使投资者确信，即便他们不再想持有证券，他们也不会陷于头寸中出不来，流动性也刺激了需求。

| 金融的标准化 |

如果金融必须找到一种让许多人迅速聚合的方式的话，那就是金融必须标准化。标准化给予买家和卖家在市场上高效交易的能力。如果从未有任何交易是从零开始的谈判，就永远不会有真正的创新。如果每一笔交易都是需要从零开始的谈判，那么就不会获得真正的规模。

这种对常用条款达成共识的需要从一开始就为金融发展提供便利。世界上最早的期货市场——18 世纪的日本大阪堂岛大米期货交易所就已经有标准化合约，它规定各类大米相应的到期日。它设有专门的清算所对交易进行登记，确定交易净值以便捷支付，并要求交易者在遭受损失时追加保证金。这些账户的结存是使用官方的日终盘价计算的。日终盘的确定就好比是燃烧附在木箱上的导火线，只要这个箱子在着火，交易就可以继续进行。在火熄灭时的价格就成为了第二天正式的开盘价。因为在这个时点过后交易常常继续进行，"水人"会将整桶整桶的水泼到交易的人群中，以驱散他们。当时的价格——okenedan，或"水桶价"——就是这一天的结算价。一切都有规则的。

任何一个市场都有标准化的需要，例如指数。指数基金通过模拟特定指数的成分股以一种固定比例和透明的方式将风险分散到众多证券中。美国最古老的股市指数是道琼斯运输股票平均价格指数，该指数始于 1894 年；至今最有名的道琼斯工业股票平均价格指数是在其之后两年创立的；标普 500 指数在 1957 年问世，该指数被广泛认为是美国股市健康状况的最佳展示。

衍生品交易是另一个例子。1985 年在国际互换和衍生品协会（International Swaps and Derivatives Association，ISDA）创立之前，每完成一笔私人的"场外"（OTC）互换交易，就需要起草一份 30 页的协议。ISDA——其成员包括银行、资产管理人和企业——帮助开发"ISDA 主协议"，这是自动应用于场外衍生品交易的一系列标准术语。当场外交易活动的新领域达到足够的规模，项目定制的文件不再满足需要时，ISDA 就是银行所寻找的去处。当有歧义的时候，ISDA 也起到所罗门王那样的裁判作用。例如，信用违约互换何时已经触发是由 ISDA 的解决委员会开会决定的。

伦敦银行同业拆息（London Interbank Offered Rate，LIBOR）也起源于对标准化效率的寻求。LIBOR 这个利率已经成为全球为贷款和衍生品定价的核心，我们现在已经知道，在 2007 年—2008 年金融危机之前和危机期间，LIBOR 常常被操纵。在与银行家谈话时，诸如这笔贷款的定价是"LIBOR + 60"是非常常见的，这句话的意思是，不论 LIBOR 有多高，这笔贷款的利率都是 LIBOR 加上 60 个基点（一个基点是一个百分点的百分之一）。因此，如果 LIBOR 是 5%，那么这笔贷款的利率将是 5.6%。

LIBOR 是 20 世纪 60 年代晚期由在伦敦工作的希腊银行家米诺斯·隆班纳科斯（Minos Zombanakis）创建的。隆班纳科斯当时试图为企业联合贷款（syndicated loan）创造市场，在企业联合贷款中的贷款是由若干家银行承担的。因为这些贷款是短期的并且是定期滚转（roll over），贷款的定价也定期变化。为了不用每一次都重新协商借贷条款，隆班纳科斯设计了一个公式，企业联合体内银行上报各自的资金成本，用成本的加权平均再加上额外的一部分利润，组成本期贷款的定价并维持到下一周期。这种将一组银行的融资成本进行平均的方法最终变成了我们今天知道的 LIBOR 基准。

| 追求标准化所带来的问题 |

尽管标准化降低了摩擦，但也产生了问题——这并不仅仅是因为在陷入困境时，规模更大的市场可能会导致更大的破坏。标准化意味着不太专业的投资者能够轻易地来凑热闹。标准化也意味着市场的规模能够像滚雪球一样增长，以至于支撑它们的基础设施无法承受，并使得国家更有可能在事态变得很糟时不得不介入。“我认为我们不应当庆贺新领域的快速增长，”华尔街最资深人物之一表示，“规模极速增长要么意味着卓越的发现，要么意味着错误，而历史表明它很可能是一个错误。”

对 2007 年—2008 年金融危机研究最发人深省的学术论文之一是庞培法布拉大学（Pompeu Fabra University）的尼古拉·日耐奥里（Nicola Gennaioli）、哈佛大学的安德列·施莱弗（Andrei Shleifer）和芝加哥大学的罗伯特·维什尼

（Robert Vishny）合著的《被忽略的风险、金融创新和金融脆弱性》（*Neglected Risks*，*Financial Innovation and Financial Fragility*）一文。这篇文章有着跟一般经济论文一样令人抱怨的地方——其结构太过于公式化，并有大量的演算。在大的框架上，这篇文章描述了从金融狂喜导致脆弱性、从而导致危机的过程，这也是我们从经济学家如海曼·明斯基（Hyman Minsky）的文章中所熟悉的过程。明斯基是一位美国经济学家，他描述了这样一个过程：增长的信心导致人们承担的债务越来越多，直至安全融资的唯一方式是资产价格的持续上涨。在这个时刻，环境或态度的微小转变就能使信心化为乌有，投资者违约，开始抛售资产。这种信心的快速崩溃时刻被称为"明斯基时刻"。但是，在过去这些年的事件发生后，上述论文最引起人们共鸣的是它在解释金融不稳定性时对安全角色的强调。

上述作者认为，金融创造力始于投资者对某种类型产品的需求超过了市场当时能够供应的水平。理论上说这种产品可能是有风险的，但实际上，对那些被认为既安全同时又能增加一些回报的产品的需求往往是最大的。麦肯锡公司对全球资本市场的一项年度调查显示，在 2012 年，全球金融资产（不包括衍生品和诸如房地产等实物资产）的价值为 225 万亿美元，其中有 50 万亿美元是"较为有风险的"权益，175 万亿美元是"较为安全的"贷款和债券。

按揭贷款证券化的依据：对安全回报的假设

危机之前，美国按揭贷款市场的发展符合这一模式：将按揭贷款证券化并将其分层，这样做，就能提供一种既像有限规模的美国国债一样安全，又设法带来了比标准的政府债券略多一些收益的债券产品。货币市场基金也是如此，货币市场基金是一种金融工具，为投资者提供类似银行存款那样的货币属性——换句话说，即在不损失本金的情况下立即提现的能力——但成功带来了相对较高的收益。使全球金融体系陷入困境的不是对风险的追逐，而是对安全回报的寻找。

然而，这些新工具所伴随的风险与它们所替代的旧产品不同。将钱投入AAA评级的美国国债，是对美国政府完全信用透明公开的下注。而把钱投入高评级的债务抵押证券（CDO）——一种将现有级别较低的证券化产品捆绑在一起再证券化的产品，是对“美国将不会遭受全国性住房市场崩溃”的说法的一种不透明的下注。同样地，在银行账户存钱的决定是因为明确的存款保险体系：由于政府担保，所以你将能够拿回存款。对于许多人来说，投资货币市场基金也是对一个承诺的下注，但是此次是由私人参与者承诺不会“跌破面值”的，也就是说，对于每一美元的投资都会归还一美元。

换句话说，这些新产品可能看起来像老产品，但是两者之间存在着投资者没有充分理解的区别。因此，当这些未被充分理解的风险真的浮现出来时，市场参与者无不感到震惊，并引起了恐慌。金融能够挺过很多困难，但恐慌并不在其中。由于“错误的替代品”（false substitutes），金融业已变得更加脆弱。“错误的替代品”一词是由根纳奥里（Gennaioli）、施莱弗（Shleifer）和维什尼（Vishny）所定义的，它是指那些被投资者相信没有风险的、但最终证明是有风险的证券。例如，在金融危机最严重的时期，当情况变得非常糟糕时，银行客户大多都仍能保持平静。虽然有个别陷入困境的机构发生了挤兑，但是这类情况往往是由于存款者进行自我管制所导致的，大额存款者往往将他们的存款余额保持在低于联邦存款保险的上限额度的水平。绝大部分货币市场基金的投资者则很易受惊吓。雷曼兄弟破产后第二天，美国最持久的货币市场基金Reserve Primary Fund因为冲销了它所持有的雷曼债务而跌破面值。雷曼破产后的数天内，有大约3 000亿美元资金逃离了货币市场基金，这主要是因为投资者们突然意识到他们受到保护的程度并没有他们原先所认为的高。如果跟监管者们谈到2008年9月的事件，他们会告诉你，没有什么比这种惊慌逃窜更令人惊恐的了。美国财政部发布对货币市场资产的临时担保是止住流失的唯一方法——实际上，是修复投资者对安全的假设。

如果人们早就近距离审视基础资产，那到时他们就不会那么平静了。如果投资者早就战战兢兢，那么真正安全的证券也不会被替换。当一种产品刚问世，并且特定投资者正在培育市场中的专长时，那种警惕性是常见的。但随着市场的发展，其参与者的性质发生了变化。

创新的扩散遵循着一种被称为“S曲线”的模式，在这种模式中，最初阶段的早期适应将让位于兴起和迅速增长时期，最终进入饱和并缓慢增长。在从汽车到电视的各种产品中，我们都能观察到S曲线。然而，即使对科技持排斥态度的人开始喜欢上互联网，这也不会影响互联网的运作方式。而一旦大量资金涌入金融市场时，问题就产生了：价格开始上升，风险开始被低估，专业投资者被普通投资者取代。例如，在最近的这次危机中，欧洲的一位资深结构融资相关人士在2000年代中期观察到巨大转变，在巴塞罗那的年度证券化行业大会上，他看到很多从未见过的人。“我记得遇到两位冰岛女士说自己持有一个500万英镑的资产支持证券项目，需要尝试去理解。证券化已经不再仅包含那些明了自己所为的人了。”

专业投资者凭借他们自己的专长和警惕性来评估风险。一般投资人不得不运用拐杖。在按揭贷款繁荣时期，为了帮助这类投资人破解每个资产池的内容，一些方便的经验法则——另一种标准化形式——产生了。试探法（heuristics）是非常有用的，但是它们也可能由于引入系统性偏差而导致人们误入歧途。这样的偏差不仅限于金融。

关于人们如何运用经验法则的一个精彩例子来自2011年一篇有关二手车市

场的论文，在此文中，研究者们想要考察“左位”偏差（life-digit bias）。左位偏差指的是人们在一连串数字中倾向于聚焦最左边的数字，而不太注意其他数字，这就是为什么这本书更可能被定价为 19.99 美元而不是 20.00 美元。研究者们分析了二手车批发拍卖中 2 200 万笔的交易，发现汽车里程数每隔 1 万英里，车的价格就会有非常清晰的变动。那些里程数在 79 900 至 79 999 英里的车，平均售价比那些在 80 000 至 80 100 英里的车高出约 210 美元，但比那些在 79 800 至 79 899 英里的车仅低 10 美元。对这些不合逻辑的不连续性，车的卖家们作出的反应是在最左边的数字变化之前卖出车子：研究者们发现，在每 1 万英里临界点之前被拍卖的汽车的数量激增。尽管在这些拍卖中的买家是汽车经销商，但最终零售客户的购买行为解释了这种价格的跳跃。该论文的作者们估计，由于错误定价，我们所观察到的售价与预计合理价格，也就是如果里程仪上的每位数字变化都对价格具有合适权重的话，它们之间的差异约达到 24 亿美元。

这个例子听起来很漂亮，但也有重大影响：首先，因为买车并非一项微不足道的金融决定，因此如果常规法则在这个市场中支配人们的行为，那么我们就有理由假设常规法则在其他领域也是一样的；其次，尽管仪表盘上的其他数字是可见的，但似乎仍然是不紧要的。因此，即使在一个透明的市场上，一个有缺陷的常规法则仍可能成功。

能够推翻常规法则似乎成了金融业明星的一个特质。金融交易员在下面一个传统认知推理测试中的表现的确明显好于其他银行雇员：“一个球拍和一个球总计价格为 1.10 美元。球拍的价格比球高出 1.00 美元。球的价格是多少美分？”情况很可能是，最好的交易员能够切断经验法则并运用一种更深思熟虑的思维方式——行为金融学的先驱之一丹尼尔·卡内曼（Daniel Kahneman）称之为“运用一个系统 2（System 2）”的过程，而不是一个系统 1（System 1）过程。

最近的这次金融危机显示了这样的明星寥寥无几。大多数投资者通常会运用易错的常规法则来指导他们的决策。最为明显的是，住宅买家和放款者对于声称美国房价不会出现全国性下降的经验法则信以为真，但是标准化的逻辑使得其他的常规法则成为金融体系中的硬编码。

按揭贷款证券化的另一个依据：FICO 分数

在按揭贷款证券化中，另一个依据是费埃哲（FICO）信用分数。FICO 分数可以被看作为大数据的一个早期案例。大数据是通过对数字的处理来辅助企业的决策。FICO 分数是一位名叫比尔 • 费尔（Bill Fair）的工程师和一位名叫厄尔 • 埃萨克（Earl Issac）的数学家在 20 世纪 50 年代后期创立的。此后 FICO 分数在美国已经成为一种无所不在的测量信誉的手段，FICO 分数是综合了个人违约风险的付款和信用历史而提炼得出的一个数字（本书第 8 章将提供更多关于信用评分在现阶段是如何演化的内容）。FICO 分数提供了一种对最终借款者进行分类的简单方法，并被放款者、评级机构和投资者运用来评估那些接受按揭贷款者的信用质量，按揭贷款是证券化的基础资产。尤其是美国的两家住宅金融巨头房利美和房地美在 20 世纪 90 年代就设立了准则，任何 FICO 分数低于 620 的人都应当被视为极有风险的。在私募证券化市场兴起后，这仍被继续当成贷款审批方面的经验法则。620 的 FICO 分数无疑成了被证券化产业链上所有参与者所使用的一种常规，被用来决定是否需要对借款者给予额外的关注度。这个分数起到类似里程表上最左边的数字的作用，也产生了相似的不连续性。

本杰明 • 基斯（Benjamin Keys）及其三位合著者在 2008 年撰写的一篇优秀学术论文展示了 620 评分底线在住房市场繁荣时期的影响力。在该论文中，作者进行了如下假设：如果对高于 620 临界值之上的按揭贷款证券化更容易的话，那么按揭贷款的发起者，即贷款放款者对个人借款者进行审查，并将贷款打包以按揭贷款支持证券（MBS）形式进行出售，就会存在不同的放款诱因。尤其是对于那些 FICO 高于 620 但无法提供适当凭证来支持他们贷款申请的借款人（“少凭证贷”）而言，按揭贷款发起人就更有倾向出售这些按揭。毫无疑问，随着 FICO 信用分数从低于 620 分到高于这个分数，被证券化的“少凭证贷”（low-documentation）贷款的数量显著增加。在作者们所分析的贷款样本中，在这一分数临界值之上的贷款证券化规模大致增加了 100%。如果投资者有一个明确的信用分数作依据，那他们更愿意放弃有关借款者的资产或收入的信息。

现在假设你是这类市场上的放款者。你面对着两位没有详尽凭证的借款者，其中一位的 FICO 分数是 621 分，另一位的 FICO 分数是 619 分，你会选择谁？是选择投资者在不需要进一步调查就能接受的人，还是选择那些需要更多定性的、因而也是昂贵的调查的人——比方说，需要通过面谈来评估申请者的工作保障？答案应当是显而易见的，其影响也是可以预测的。研究人员发现，那些 FICO 分数刚刚高于 620 分门槛的少凭证次级贷款的实际违约率，比那些 FICO 分数略低于这个临界值的同类贷款高出 20%。经验法则最终使投资者遭受了更为糟糕的结局。

让投资者上当的信用评级

FICO 分数是在近期危机中常规法则向投资群体发出误导信号的一个重要例证。但是 FICO 分数对 AAA 信用评级却没有影响。回想起信用评级是美国铁路繁荣的产物，这一发明旨在为投资者提供其无法调查的企业所发行的债券信息。AAA 标签是信用评级机构能够给予的最高可能评级：标准普尔定义 AAA 评级意义为“极其强劲的履行金融承诺的能力”。

麻省理工学院斯隆管理学院的曼纽尔•阿德利诺（Manuel Adelino）在 2009 年发表的一篇论文中提供了具体例子，证明了投资者从评级中可获得的安心程度。对于按揭抵押证券的投资者来说，评级仅仅是所获得信息中的一个要素。

例如，投资者可以对房价下跌的概率和影响作出他们自己的判断。在某种程度上，投资者可以利用其他信息，而这类信息应当会在投资者对其所持有资产的收益率（利息支付）需求中有所体现。

通过分析按揭贷款支持证券在发行时的收益率，阿德利诺发现，投资者一般不只依赖评级为交易定价，而且其在一开始所要求的收益率最终被证明在预测这些债券后续表现方面相当不错。不过，投资者的这种勤勉也有例外，即投资者对 AAA 评级证券所要求的收益率对这些债券的未来表现却没有预测力。似乎信用评级是这些投资者所能运用的全部信息。

对这种 AAA 常规法则，银行自身也上了当。花旗集团垮塌时的在位老板查克 • 普林斯（Chunk Prince）告诉美国金融危机调查委员会（Finacial Crisis Inquiry Commission，FCIC），考虑到花旗集团庞大的资产负债表，他不了解区区 400 亿美元的次级 CDO 头寸是不足为奇的。即使事后来看，他也难以对他的团队决定提出批评。这段文字值得全文叙述：

如果有人处在我这样的级别，像我们这样一家拥有 2 万亿美元的资产负债表的公司，400 亿美元 AAA 评级、零风险的票据无论如何都不会引起我的兴趣。如果有人来找我说"现在，我们的资产负债表上有 2 万亿美元的资产。我想告诉你，这笔 400 亿美元头寸有十亿分之一的概率会变得糟糕"的话，那这肯定不会是什么有用的信息。我对此不可能做出什么，因为任何事情都有那样程度的可能性。

尽管普林斯可能不是世界上最伟大的银行高管，但他具有捕捉这场危机潜在的动态的天赋。在他看来，这些风险暴露的突出事实并非是基础投资组合——对高风险借款者提供的按揭贷款——而是其所拥有的信用评级所导致的。这种关于金融的思考方式无疑是成熟市场的功能之一，在这样的市场中，这种标准化的制定既容易导致投资者的类型越来越广泛，又为投资者更糟糕的判断铺平了道路。“界限在刚开始时是清晰的，”一位在20世纪90年代和2000年代初为某家法国投资银行工作的前银行家表示，“不论我卖什么东西，我应当乐意把这种东西卖给我的母亲和我的朋友。但在现实中，你是有预算的，你会面临赚钱的压力，你想要奖金，你的原则也就因此变得薄弱了。尽管我不想进入次级贷款，但我最终还是会在AAA评级的情况下接受的。我没有去核查AAA是什么意思。这不是故意的不诚实，但是从某种程度上讲，是我降低了自己的标准。”

作为金融创新的高频交易

尽管许多行业竞争都会带来意想不到的影响，但这在金融业尤为突出。我在担任银行业记者的初期，曾采访过一位高管，他目前是全球最大银行之一的负责人。当时美国次贷危机正在加速，我们讨论是什么出了问题。他几乎是脱口而出，在银行业中提高回报只有两种方式：提高杠杆（杠杆是行话，指的是债务）或者降低信用评级。这虽然是顺口而出的话，但值得记住。每当金融业在快速增长时，风险很可能也在上升。

这些动态变化不仅仅在信用世界中发挥着作用，近年来它们也在改变着股票交易所的世界。当投资者决定卖出股票或者买进期货时，他必须找到买家或者卖家来完成交易。在过去这是交易所大厅中交易员该做的工作。在现代世界里，这个任务则落到了类似“匹配引擎”的软件身上。纽约泛欧交易所集团（NYSE Euronext）在欧洲经营权益和衍生品交易所。就纽约泛欧交易所集团而言，其匹配引擎是在巴西尔登（Basildon）——一座位于伦敦郊区的城镇。位于美国新泽西州莫瓦（Mahwah）的设施站为在北美的纽约证交所发挥着同样作用

（不同之处在于那里的警卫是携带武器的）。

巴西尔登的神秘建筑物

纽约泛欧交易所集团选中巴西尔登这个地方的部分原因是这个位置临近伦敦，没有洪水的风险，也不处在航空公司的飞行航道上。这块地皮曾经计划用作一家空调企业的配送仓库。巴西尔登的居民不确定这个城镇外围的工业建筑物里在发生什么。建筑物外没有指示牌，只是周边的双重栅栏和带着狗的保安人员显示出这并非像它看起来的那样是一个普通仓库。但是当地居民知道这是敏感话题。一个春天的早晨，我乘坐出租车到那里，出租车司机在我下车时开玩笑说："建造它的人都神秘消失了。"然后驾车疾驶而去。

安置了服务器的大厅墙壁是防弹型的。这些大厅本身——总共七个大厅，在我访问该设施时其中三个在使用——是分离结构，以便着火时不会蔓延。这里的每一件事都有后备计划：从伦敦到这里的数据中心有四条光纤线路；双路供电，以及备用发电机；还有大罐大罐的冰，如果冷却系统发生故障，这些冰可以被迅速融化并通过管道输送到大厅周围。

纽约泛欧交易所自己的服务器被放在玻璃柜中，玻璃柜中灯光闪耀，电缆盘根错节。但是一些服务器被放在上了锁的笼子里，远离人们的视线。这些服务器属于那些"高频交易者"，他们通过极速进出市场来赚钱。这些服务器中包含执行高频交易者的交易策略算法。高频交易者将他们的机器放在距离交易实际发生地只有数米的地方——行话叫"主机代管"（colocating），这使得他们较其他投资者有微小的但至关重要的优势。这样策略背后的目标是为了降低"延迟"，延迟指的是指令发出与执行时间的间隔。光缆传输信号的平均时速大约每公里 5.5 微秒（1 微秒是百万分之一秒）。在美国西海岸的交易者如果将他的服务器主机代管于纽约证交所在地莫瓦的设施的话，可以将双向延迟降低 22 毫秒

（1 毫秒是千分之一秒）。这大约是一只蜜蜂的翅膀摆动 4 次的时间，相当于人眨眼 20 次的时间。但是在现代电子市场中，这却已经是很长的时间了——并且人们总觉得现代电子市场似乎始终在变得更慢。攀上巴西尔登中心的房顶，你可以看到最新的技术正在被用于降低通信时间。房顶上竖起了一些小塔楼，塔楼连接着微波天线反射器。微波是一种“瞄准线”（line-of-sight）技术：数据在空中通过一个又一个反射器传输，这意味着数据在尽可能地以直线运动，而不必像地下光缆一样遭遇所有的急转和迂回。巴西尔登已经通过微波接到了法兰克福市场上；通过光缆传输需要大约 8 毫秒，而这种方式只需 4.7 毫秒或更少的时间。出于高频交易员谋求实现零延迟的梦想，有人曾经考虑过建设一个横跨大西洋的微波塔网络，以便将伦敦和纽约连接起来。

“闪崩”事件的发生

金融市场的变化特性在后来一个被称为“闪崩”的事件中清晰地展现给更多的人们。2010 年 5 月 6 日，在美国东部时间下午 2：30 至下午 3：00 之间的 30 分钟内，数个权益市场以极其迅速的速度暴跌和反弹。道琼斯工业股票平均价格指数在 5 分钟内下跌超过 5%，随后又收复了大部分失地。个股股价的行为表现则更为怪异。有着 300 亿美元年收入的埃森哲（Accenture）咨询公司，其股价从 40 多美元一度跌至 1 美分。当天事件的官方报告发现，有超过 300 种证券的两万多笔交易其交易执行价格比片刻之前的价格偏离了 60% 以上。在那些仍然有交易员交易的交易所里，到处充满了迷惑。如果你有几分钟空闲并想听听混乱的声音的话，那你可以找来芝加哥期货大厅在恐慌时刻的录音听听。

美国商品期货交易委员会（Commodity Futures Trading Commission）和证券交易委员会（SEC）组成的联合工作组调查了闪崩，发现造成波动的主要原因来自一个“主要的”卖家。确切地说，在下午 2：32，一家共同基金开始执行一项指令，卖出 7.5 万份 E-Mini 标普 500 指数期货合约，以对冲现有的股票头寸。不论是试图卖出这类合约还是任何其他资产，卖家都不希望交易价格在其指令完成之前下跌。因此卖出指令运用了算法设计，使其在出售所持有头寸时不被识别，这有点儿像从拥挤的聚会上悄悄溜出去。一些算法将大的指令分切成许多小的指令；在闪崩中，电脑程序被设计为：当市场上的股票交易增加时，就卖出更多的该股。

高频交易做市商

现在我们转向买家。在现代股票市场，较大比例的交易是通过高频交易者完成的。高频交易者充当了做市商，作为中介，他们无意建立对某个具体股票的投资仓位。过去的专业做市商（specialist market makers）从一方买进股票，然后卖给另外一方。即使在此期间股票价格的变化对专业做市商不利，他们也需要预期持有股票一段时间。但是这种模式对于高频做市商并不适用。高频做市商提供的买卖差价（他们买进的价格与他们卖出的价格之差）比过去的中介小，并且当价格波动对他们不利时，手头所需承担损失的资本金也较少。速度是高频做市商管理风险的武器，因此，高频做市商不是安然挺过价格的变化，而是试图尽可能快地退出头寸。

如果高频做市商找到了愿意买进的投资者，那就没问题。但如果他们找不到，他们就会卖给那些总是在那里提供报价的人——也就是其他的高频交易者。其结果便成了“烫手的山芋”，证券从一位交易者手中迅速地转手到另一位交易者手中。这可能会导致数量惊人的交易，这正是在闪崩时发生的事情。在下午 2：45：13 至 2：45：27 短短的 14 秒时间内，高频交易者之间互换了超过 2.7 万份 E-mini 合约，几乎占到总成交量的一半，而他们同时仅仅买进了大约 200 份额外的合约。

然而，要记住最初的算法是运用交易量作为对抛售股票的提示。"烫手山芋"的效应所带来的交易增加发挥了信号的作用，使得最初的算法卖出更多的股票，这又进一步推动价格下跌，激发了高频交易者的更多交易，一个闭环由此形成。

然而，这种成交量驱动的下跌压力不是闪崩的唯一元素。价格下跌引发了更多被高频交易者和机构投资者所用算法的介入。在价格超出预先设定的阈值时，一些算法设计会暂停交易，以便人工交易员评估市场状况。其他的一些算法被称为止损指令，在价格达到预先设定的阈值时会卖出股票。随着卖出指令进入市场，以及买盘的流动性减少，价格就会持续下跌。一些交易被执行了，但是以荒谬的价格成交。随着卖出指令搜索买家，一些指令仅仅发现了"无成交意向报价"（stub quotes），"无成交意向报价"是做市商挂出的以低得愚蠢的价格买进股票的出价——例如，以 1 美分的价格买进埃森哲股票——做市商这样做是为了遵守他们的持续对买家和卖家报出价格的义务（SEC 随后禁止了无成交意向报价，SEC 现在要求做市商将双向报价维持在市场上所能提供的最佳价格的一定范围内）。

高频交易的孰是孰非

高频交易在 2000 年代中期才真正开始兴起，但是闪崩的发生猛然让它受到了公众的注意。发生在 2007 年—2008 年银行业危机后不久的 2010 年 5 月的事件，也使得高频交易成为金融创新社会价值大讨论的一部分。"反对"阵营宣称市场正在被那些有着速度优势的交易者故意操纵。2012 年瑞士信贷一份有关"坏的高频交易"的研究纪要测察了高频行为模式，显示了各种违法操作。"报价阻挠"（quote stuffing），即算法在市场上发出大量的指令和对这些指令的取消，以便导致拥堵和使其他交易者交易放慢；"分层"（laying）指的是发出错误的"买进"和"卖出"指令，以便造成强烈的买进或者卖出压力表象，从而驱动价格朝着对该交易者有利的任何方向移动；“趋势引发”（Momentum Ignition）指的是交易者试图激活其他的算法，导致价格向对他们头寸有利的方向变动。

即便这样恶意的行为是罕见的——提出有关指控的频率比拿出证据的频率高很多——机构投资也有其他更有根据的抱怨。高频交易者所引起的交易行为的增加意味着基金管理人为了遵守监管要求而不得不为存储和电子汇报支付额外的成本。高频交易的速度太快以至于那些行动较慢的投资者可能刚按下以某个价格买进一只股票的按键，结果却发现等到交易实际执行时，价格已经朝着对他们不利的方向变动了。不论基金管理人如何试图掩盖他们的行为——例如，通过像在闪崩中所运用的成交量加权的算法——高频交易公司都能及时认出他们并做出对他们不利的交易。2014 年迈克尔·刘易斯（Michael Lewis）的畅销书《闪击者》（*Flash Boys*）的出版使这种观点被再度公诸世人，促使 SEC 的负责人不得不站出来否认市场被操纵。

对于批评高频交易者的人来说，高频交易者也遇到了有关资本市场的一个更广泛的问题——短期主义的核心。高频交易者占有美国股票市场交易的大部分，对其他资产类别和地区的渗透也在增长。这些投资者所持有头寸的时间大约只有数分钟、数小时或者数天。他们的投资决定往往不是基于对一家公司前景的基本面分析，而是基于短期的价格趋势。批评者说，他们可能以快制胜，但他们却是缺乏思考的。

然而学术界的共识却广泛支持如下的观点，即认为高频交易者的操作帮助降低了交易成本。英国政府 2012 年对自动交易的冗长调查发现，流动性已经改善，买卖价差已经缩窄，并且市场已经变得更为有效。大型资产管理人先锋基金（Vanguard）的乔治·索特（George Sauter）在向美国证券交易委员会发表的证词中推断：“高频交易者提供了流动性，并将我们日益分散的市场‘编制’在一起，导致了买卖价差的缩窄使所有投资者获益。”（批评者还击称，如果所报出的价格并非实际被执行的交易价格，那么买卖价差缩窄就是虚幻的。）

近年来投资者的持有期在不断下降是一个不争事实，但如果短期主义是一个问题的话，那么其根源比超高速交易者的来临更为深刻：20 世纪 60 年代，对英国股票的平均持有期达到 8 年；而到 20 世纪 90 年代中期已经降到大约一年。巴西尔登的高科技光缆和玻璃柜实际上是一个投资人缓慢降低持有期过程的一部分。

在历史的真空里，我们无法就高频交易或者实际上任何金融创新的成本和收益作出判断。如果不问问过去的情况是否比现在好很多的话，那么哀叹现代金融的缺陷几乎没什么意义。在 2011 年的一篇论文中，约翰 • 莱内尔（John Lerner）和彼得 • 图法诺（Peter Tufano）提出，几乎不可能将金融创新的社会影响量化，因为金融涉及许多外部性——对第三方造成的成本或者收益。例如，几乎不可能测量根本性创新，如银行的总成本和总收益。相反，他们认为，进行思维实验——想象在没有特定创新情况下世界的模样——可能会有帮助。

想象没有高频交易者的世界还是容易的：专业做市商和场内交易的旧世界仅仅在数年前还存在，因此人们依然记得很清楚。但人们对几乎恢复到那种模式的想法并没有什么热情，那样的交易成本要高出很多。大型的做市商过去收取 25~40 个基点来执行交易，交易过程笨重，涉及投资者打电话给经纪人，经纪人获得股票报价，然后去找交易大厅的证券批销经纪（jobber）来做交易。现在算法做同样的事情，收费却只有 1~3 个基点。

同样，关于不公平优势的争论在高频交易出现之前就以不同的形式被提出过。现在的抱怨在于有关高频交易者将他们的服务器放置在紧邻交易所数据中心的地方，从而获得了较普通投资者数毫秒的优势；过去的抱怨则是有关专业做市商享受的垄断特权以及身处交易大厅所享受的优势。机构投资者们现在可能抱怨被迫进入了黑池（dark pools）交易（指的是机构投资者们可以进行匿名交易的场外平台）以回避高频交易者，但是在高频交易者出现之前，黑池就已经存在，当时建立黑池的部分原因是避免被经纪人或者交易大厅交易员盘剥。

事实上，在自动化的最初岁月里，机器才需要被保护免受人的干扰。电脑化交易的先驱之一是预测公司（Prediction Company），这家公司是由诺曼 • 帕卡德（Norman Packard）和多因 • 法默（Doyne Farmer）两位混沌物理学家于 1991 年在美国新墨西哥州圣菲创立的。帕卡德和法默此前已经合作过一个计划，用一台由脚尖控制的电脑打败赌场的轮盘赌。预测公司同样试图通过运用物理模型来预测短期价格波动，以挑战最大的赌场——股票市场。该公司做得不错——它最终被瑞银收购，其创始人因此而变得富有。但是该公司最初一直在一家大宗商品交易所——纽约商交所（NYMEX）——的石油合约上持续亏钱。该公司所面临的问题类似于今天的机构投资者对高频交易的抱怨：预测公司下单时所看到的价格与其最终交易价非常不同。以特定价格买进或卖出期货的指令总是令该公司付出远远超出预期的代价。

直到预测公司的一名员工注意到纽约商交所交易大厅发生的事时，秘密才得以解开。预测公司在每天的同一时间发出其交易指令，交易大厅里的交易员已经注意到这一点。当预测公司的指令在其每日固定时间送来时，交易池就安静了。一旦搞清楚预测公司的经纪人想买卖多少之后，所有人就迅速地改变了他们的报价，以比预测公司原来期望价格高的价位卖出，比预测公司原来期望价格低的价位买进。于是预测公司迅速改变了它的操作，将指令分切成一个个较小的规模，在一天的不同时间交易，这样一来，其他交易者就不会觉察到它的指令规模了。与人或算法进行交易都一样：金融市场是一个永远不能展示你真实意图的地方。

高频交易时代之所以在 2000 年代中期崛起的部分原因是人们担心旧有体

系的运作模式。在 2000 年代初期的一项对纽约证交所专业做市商的行为调查指控，这些公司从卖家手中抢购股票，并以抬高的价格将这些股票卖给那些发出了买进指令的客户。这个发现促使 2005 年《全美市场系统法规》（*Regulation NMS*）的颁布。该法规剥夺了经纪人为他们的客户选择最佳价格的自行决定权。取而代之的是，经纪人必须采用由多个交易所提供的最佳价格，这无疑对那些在交易系统中有着最快电子系统的交易者有利。高频交易者机构开始从专业公司手中抢过更多的市场份额，技术的进步使专业做市商在交易大厅中的作用逐渐变得多余。这些专业公司的价值一落千丈。2000 年高盛集团曾以 65 亿美元的价格买下了纽约证交所里最大的专业做市商公司——斯皮尔利兹凯洛格公司（Speer，Leeds & Kellogg）。据报道，到了 2014 年 4 月，高盛则以区区 3 000 万美元的价格出售了这家子公司。

从历史的棱镜看过去，高频交易时代呈现出不同的风貌。高频交易所面临的问题，与金融创新领域的很多方面一样，并不是最初的理念出现了问题。旧体系有着相当多的缺陷。关于高频交易的问题，倒不如说是不受控制的竞争逻辑提高了其风险性和发生严重突然性市场崩盘的潜在性。的确，道琼斯工业股票平均价格指数的历史最大单日下跌发生在遥远的 1987 年 10 月的黑色星期一——当天该指数下跌了近 23%。但是，事情朝着错误的方向发展的速度却是前所未闻和令人恐惧的。闪崩正是当算法相互作用时市场迅速失控最显而易见的例子。

私利应当确保高频交易者和其他算法交易者强而有效地管理风险。毕竟很少有行业能够在数秒数分内倒闭，并且其资本也会面临危险。但是过去几年中一个最为重要的教训是金融业面临“集体行动”问题的困境，在“集体行动”问题中，机构选择某一特定行动路线可能是明智的，但单独采取该行动的代价被认为是过高的。在高频交易世界中，追求更快速度的竞赛是一个例子：如果一家高频交易公司想要争抢那些希望被执行的指令，那该公司无法承担速度太慢的后果。薪水则是另一个例子：银行急需降低成本，但是谁也不想成为第一家降低工资的机构。2007 年夏，花旗集团的查克 • 普林斯给英国《金融时报》记者的一段声名狼藉的讲话正是这方面的一个典型例子，“只要音乐仍在演奏，你就必须起身跳舞，”他说，“我们仍在跳舞。”没有什么比跳舞的普林斯的这段话更好地捕捉了上市公司的管理者所面临的追求赚钱机会的压力，无论这样的机会是多么危险。当市场在狂欢时，风险管理者的疑虑往往会被践踏。一位曾在金融业工作过的数学家表示：“如果作为一位宽客，你认为某种东西不对劲，但是业务进展良好，那么就不会有人倾听你的声音。”

竞争能够轻易地导致企业走捷径。先驱性的预测公司创始人之一多因 • 法默现在牛津大学任教，他对于电子交易益处的表述比过去要谨慎了很多。例如，他担心的事情之一就是高频交易者简化代码的压力。较短的代码在提高速度的同时，也变得更加蠢笨：例如，在逻辑中插入“if，then”语句，来指导算法核查市场是否处在自由下落中并不是什么奢侈的事。

阻止高频交易者的熔断机制

监管者们迟迟才认识到自动的、盲目快速的金融市场所带来的危险。闪崩表明了熔断机制（circuit breakers）对个股的重要性，熔断机制是在预先定义的价格波动下所触发的交易所交易中断。交易的暂停使得人们有机会跟踪算法并思考发生了什么。德国已经推行了一部法律，其中规定之一是设置指令与交易的比率（order-to-trade），旨在阻止高频交易者对所做的每一笔交易发出数量过多的指令。这些关注都在鼓励金融业变得越来越好。所有人都在谈论在交易前后实施最高级别控制的必要性，后台已经变得很诱人了。即便如此，交易者所能做到的与市场安全设置之间仍然存在差距。“我们处在一个市场必须追赶我们的时期。”一位交易员表示道。

在高频交易者参与的市场中，他们并不是唯一超越市场的。当一种金融技术或者某种产品真的兴起时，周围的基础设施经常不能与之并驾齐驱。这种模式几乎在所有类型的市场里都能观察到。前台不断销售，后台努力应对。尽管金钱在流动，但它却不是建立在牢靠的设施上。

| 当今资本市场所面临的问题 |

在今天的资本市场上，所面临的问题是要与自动化的最新发展并驾齐驱。在 20 世纪 60 年代后期，所面临的问题是要与文书工作并驾齐驱。随着成交量的猛增，需要完成的调节盘后头寸以及记录股票所有权转移等簿记的工作量也猛增。其结果被称为“文书工作危机”（paper crunch），大量堆积如山的文件促使美国证券交易委员会缩短交易日以便提供更多的时间清理积压事务。纽约证券交易所 1973 年的一份报告发现，十分之三的投资者经历过证券丢失或延迟交付的情形。

基础设施难以应对市场快速增长的另一个更近的例子是信用违约互换市场。截至 2000 年代中期，CDS 合约一致性（harmonization）的增加使得合约被转移给另一方变得很容易。成交量的猛增让后台又一次难以招架——用一位观察者的话说，这相当于“在大象身后用一只特别小的铲子试图为其清理所有粪便一样”。

人们的担忧之一是大量积压的未经确认的交易，将会在发生违约的情况下导致信用违约互换的买家没有购买凭证。2005 年 9 月，时任纽约联邦储备银行行长、后担任美国财政部部长的蒂姆·盖特纳（Tim Geithner），将经纪自营商们召集到他在华尔街的总部一起碰头。“人人都知道那是由于文书记录所造成的混乱，但没有人想接受一项标准。”参加那次会议的一个人回忆说。在盖特纳的干预之后，金融业开始朝着电子确认和用数据储存库来记录交易的方向迈进，积压的工作开始减少。截至 2007 年—2008 年金融危机发生时，CDS 市场的运行相当高效，至少从操作的角度看是这样的。尤其是在雷曼兄弟破产之后确定，CDS 索赔过程的完成比预期的更为顺利。

然而，CDS 的基础设施在另一个关键领域却显得非常不合格：美国国际集团（AIG）是一家由保险公司变身的衍生品交易者，该公司在出售按揭贷款支持证券违约保险时积累了大量的潜在债务，但却未引起注意。尽管 2005 年的干预做了很多好事，但是没有恰当地处理场外交易，而场外交易正是 AIG 在其所运行的市场。AIG 被允许在没有设置足够担保物的情况下承担大量风险，直至该公司突然被要求支付其无法承担的金额，而不得不被美国的纳税人拯救。

CDS 基础设施的失败已经促使另一项基础设施的彻底整修，并且不仅仅是在信用衍生品领域。所有衍生品大类的交易记录都将被收集和存储，任何机构建立大规模而未披露头寸的可能性应当大大降低。对担保物——一种会随着违约风险提高而增加的保证金的记账管理和记录也正在被努力地改进。

尽管这些都是好事，但是这种模式却令人不安。在有可能赚钱的情况下，金融业就会沿着那样的方向发展：金融业自身会通过适应来自商机和标准化方面的变化，以加快交易的完成。前台迫不及待地做事，而后台却在疲于应对。似乎只有侥幸脱险或者发生某种更为糟糕的事情才能激起反应。并且即便到了那时，也难以力挽狂澜。我记得在闪崩发生后，我曾跟一位极其机敏的华尔街高管谈及高频交易的危险。“更快速的电脑对社会有益吗？”他反问道，“我不知道，但是我知道我仍然需要它们。”

在本章中，我们所提及的主题说明了金融创新是如何变糟的。随着市场的发展，越来越难以吸引专业化投资者。投资者们更少地依靠他们自己的分析，更多地依靠常规法则以及他人的分析。随着增长不断聚集动量，竞争迫使企业试图将它们的优势来源最大化——不论这种优势是定价更为狭窄一些还是促进速度上升又一个等级。当然，这是定制化的过程：并非所有的市场都遵循这条道路。但是这说明将金融创新妖魔化是从近期危机中获得的错误教训。独创性是好的；导致麻烦的是金融已经成熟的部分。事实上，本书第 3 章将这一观点进一步推进。要将金融已经成熟的部分往好的方向改变，创新是必不可少的。没有哪个行业的范围比房地产业更大。

第 3 章

Smart Money
How High-Stakes Financial Innovation is Reshaping Our World—For the Better

世上最危险的资产：房地产

| 住房金融市场的颠覆者 |

澳大利亚人西恩 • 奥德菲尔德（Sean Oldfield）与按揭贷款世界的首次接触便随着子弹击穿他周围的地面而告终。2002 年，他从澳大利亚投资银行——麦格理公司（Macquarie）伦敦分行辞职，雄心勃勃地想去参加 2004 年雅典奥运会的柔道比赛。但当他意识到如果自己真的能去参加比赛的话，那第一轮就会被淘汰时，他的这个梦想算是破灭了。

此时的奥德菲尔德手头有一些钱，又有时间，还有着金融背景，当他在欧洲闲逛时，读到了一篇关于俄罗斯按揭贷款市场的文章。在当时，按揭市场是一个新兴的行业。此时距离苏联解体刚过去十年。作为俄罗斯休克疗法计划的一部分，俄罗斯的改革者们必须从零开始建立一个私人住宅市场。被投入俄罗斯住房的资金在当时仍显得微不足道。奥德菲尔德属于那类有进取心的人，他嗅到了机会并决定前往俄罗斯首都莫斯科，去看看他是否能在住房金融领域有所建树。

当时的俄罗斯不仅仅是某个市场很混乱。那时候为了在莫斯科做生意，奥德菲尔德需要一个“保护伞”（krysha），这是江湖黑话，意思是能够为其提供黑手党式的保护，使他免受其他犯罪团伙打扰。他的合伙人为他找到了一个潜在的保护伞，但当奥德菲尔德去跟他们商量时，他不能确信他们能否真的为他提供庇护。那天晚些时候，他在电话中跟他们讲了自己的担忧。

因此，他犯下了一个致命的错误。那天夜里，心怀不满的黑帮成员抓住了奥德菲尔德，把他捆在莫斯科中心一个小的、封闭的街区，在那里，他们朝着奥德菲尔德双脚周围的地面开枪射击。奥德菲尔德跳过铺满铁丝网的围墙逃生——至今他手上和腿上仍然留有伤疤，可以证明这一切。黑帮这样做的目的是吓唬他，而不是要杀他。“他们成功了。”奥德菲尔德懊悔地说道。于是他放弃了在俄罗斯的冒险，返回了伦敦。

这次意外的经历使他对自身的风险容忍水平有了了解，同时也让他对按揭贷款市场大体上如何运作有了了解。住房金融市场的一大特征尤其困扰他：住房拥有权需要借款者和放款者都承担大量的风险。借款者必须面对失业、负资产和利率上升等的可能性，放款者则必须应对借款者违约和资产价值下降的威胁。

奥德菲尔德的一位朋友凑巧在2000年代中期为澳大利亚政府撰写了一份有关按揭贷款市场的报告，该报告中包含了关于如何应对这些问题的观点。奥德菲尔德在此后人生中所尝试做的远比他在莫斯科做的还要雄心勃勃。他首先在澳大利亚，然后在英国创立了城堡信托公司（Castle Trust）。城堡信托公司得到了知名的私募基金弗劳尔斯投资公司（J. C. Flowers）的支持。他努力彻底改变的不仅是世上最大的金融资产，还是最危险的金融资产。

|都是房地产惹的祸|

问问你自己 2007 年—2008 年危机背后的真正原因是什么，答案并不是失控的金融魔法。银行体系被推到危机的边缘不仅仅发生在美国，还发生在其他许多国家，诸如西班牙、爱尔兰和英国等。这些国家的银行并非在疯狂地创新：欧洲证券化市场的进程远不及美国。如果你纵观最为严重地卷入金融危机的那些国家，其共同特征就是房地产。并且在一幕又一幕场景中所发现的金融工具就是其貌不扬的按揭贷款。实际上，金融业受难于创新太少，而不是太多，这可不可以是从近期金融史中所汲取的真正教训呢？

非常可能，住房业会在下一次大规模金融崩盘时被卷入进来。为什么会如此？一个原因是其庞大的规模。住房业吸收的财富比其他任何金融资产都多，在富裕国家肯定是这样。买房子无疑是大多数人生活中最大的交易。在房价顶峰的 2006 年，美国家庭持有的房地产总值为 22.7 万亿美元，房地产是美国家庭持有的单一最大资产（大大超过位居第二的养老金储备，后者为 12.8 万亿美元）。在 2001 年至 2007 年期间，美国的按揭贷款债务规模几乎增长了一倍，达到 10.5 万亿美元。而在英国，2012 年所有的住宅地产总额略低于 6 万亿英镑，算起来（大致）每个英国人平摊 96 500 英镑。从全球来看，《经济学人》的最新最佳估计是，富裕国家整体住宅地产价值大约是它们 2010 年 GDP 总和的 126%。不论确切的数字是什么，房地产是如此巨大的资产，以至于在资本充斥时，房地产可以吸纳大量资金，并且在出问题时，其影响也将非常严重。

房地产不仅规模巨大，而且还有一些特别危险的特征。房地产是一种凭借债务而欣欣向荣的资产。大部分人不会借钱买股票和债券，即使有人借钱买股票和债券，那其杠杆程度通常会在投资价值的一半左右。相反，在很多住房市场，买家常常借债达到房地产价值的 90%，甚至更高。

按揭贷款的特别能力是使得本来负担不起的东西达到了大众力所能及的购买范围内。买房所涉及的资金规模太大，以至于人们只能把自己的钱当作权益部分：美国中等价位的房价大约在 22 万美元左右。债务使得人们能够填补缺口，这不仅仅是人们拥有的资金与他们所需资金之间的简单缺口，还是人们当前挣到的与他们在未来将要挣到的钱之间的缺口。

但是债务也是有风险的：第一，债务是确定的义务，它并不屈伸以适应变化的环境；第二，债务放大了基础价值的波动：债务数额越大，麻烦的能量也就越大。设想你要买下一所价格为 20 万美元的房子，你支付了 20% 的首付款，即 4 万美元，然后你从银行借款 16 万美元。现在设想几年后你设法以 22 万美元的价格出售了该房子。在付清了你的 16 万美元贷款以及收回你的 4 万美元的最初定金后，你所赚的钱是 2 万美元。这就意味着你最初的保证金有可观的 50% 名义回报。

相当不错，但这远不及你支付更少的 10% 的首付款，即 2 万美元的保证金，并获得 18 万美元更大额的按揭贷款。现在当你卖掉这座房子时，你赚到的绝对金额同样是 2 万美元，但你这样做时并没有将你自己同样数额的资金置于风险之中。由于杠杆的魔力，你的保证金回报率陡然上升到了极好的 100%。

不幸的是，正如越来越多的美国人已经发现的那样，杠杆可放大下降和上升的影响。在上文最初的例子中，一所 20 万美元的房子价格下降 10%，仍然给更为谨慎的购房者留有 2 万美元，或这所房子的权益。他可以卖掉这所房子，还清债务，仍然可以拿到他最初保证金的 50%。但在第二个例子中，同样价格的下跌则清除了全部首付款。当然，在危机之前的贷款急剧增长阶段，人们付出的首付经常远远低于 10%。由于仅有很少量的自有资金来保护，并且在某些情况下连这也做不到，当房地产价格下降时，美国许多房主迅速堕入了负资产的境地。换句话说，他们欠银行的钱超过了自己房子的价值。

在其他金融资产上陷入困境是令人不快的，但至少可能调整所作出的反应。例如，当股价下跌时，借款人可以卖出一些股票以筹集维持局面所需要的资金。在房地产上没有等价做法：你不能决定卖出你多余的卧室并留下房子的其余部分。只有两个选择：继续偿还按揭贷款并期望房价再度上升，或者是摆脱按揭贷款。

另一个畏惧房地产的原因是其所揭示的行为缺陷。首先，房地产具有不同寻常的特征，它既是消费品，也是一种可以投资的资产。对于股票证书，你除了将它装到框里，就没有多少能做的事情。但是你既能够住在你的房子里，也能够靠你的房子赚钱。这种混合的动机对于金融稳定性可能是有毒的。如果住房像任何其他消费品，那价格上升应当最终会抑制需求。但由于住房也被看作是一种金融资产，更高的价格意味着一个买进信号。

此外，购房既是一种情绪化决策，也是一种金融决策。如果你的伴侣已经在心里想着如何重新装饰房子，那么她喋喋不休地讨论历史上的房价租金比就没有多大意义。对于中国的许多年轻男性来说，如果名下没有一套房子，找到伴侣的概率就不大了。这使得人们更有可能超价购房。

一些如天气般的易变因素也能影响人们的决策。在 2012 年的一篇论文中，四位经济学家研究了“预测偏差”——一种人们认定他们未来的品味与当前的品味相像的倾向。预测偏差理论提出，在天气暖和的时候，如果消费者看到房子带有游泳池，那么他们就将对这所房子给予更高的价值。但这却是不理性的：因为住在房子里的时间很长，经历寒潮和暖流，天气不应当影响价格。但是，带泳池房子的售价的的确确在夏天比相同房子在冬天要高出 0.4%。

一旦房价开始上升，上升势头会迅速增强。住宅房地产的价格在局部是由最近的交易确定的。任何一所特定房子的价值，以及基于这所房子所能借款的金额，大体上是由附近类似房子的售价决定的。一次荒唐的出价可能导致许多人推高价格。当价格持续上升时，即使是理性的买家也会有动机进入市场。可以预计，随着时间的推移，当人们找到伴侣和有了孩子，人们所需要的住房空间也会不断扩大，早早买下以免受未来房价上涨而无法承受的风险是有一定道理的。

当价格开始上升时，另一种行为偏差开始起作用。“可得性启发法”（availability heuristic）描述了人们通过参考那些容易想到的例子来评估境况的倾向。雨果 • 本尼泰茨 – 席尔瓦（Hugo Benitez-Silva）、赛尔克 • 埃伦（Selck Eren）、弗兰克 • 海兰德（Frank Heiland）和赛尔吉 • 希门尼斯 – 马丁（Seigi Jimenez-Martin）2008 年合著的一篇论文运用了健康与退休研究（Health and Retirement Study）的数据，将人们对自己房子的估值与卖房的实际成交价格进行了对比。健康与退休研究是一项针对年龄在 50 岁以上的美国人所进行的两年一次的调查。调查发现，房主平均高估他们的房屋价值达 5% ~ 10%。那些在经济繁荣时期买了房子的人往往在他们的估价中更为乐观，而那些在经济低迷时期买了房子的人则估价更为现实。

房地产也很容易受到一种被称为“货币幻觉”的偏见所影响，“货币幻觉”是指人们倾向于关注名义价格的变化，而不是把通货膨胀考虑在内的实际价值的变化。你买房时的房价与卖房时的房价差距可能听起来非常诱人，尤其是在两者间隔很长时间的情况下。在 1975 年年初英国平均房价是 10 388 英镑；在 2013 年 9 月，尽管已经经历了 20 世纪 90 年代的住房低迷以及近期危机，但英国的平均房价已经暴涨到了 170 918 英镑，涨幅超过 1 500%。

但是把这些数字变成实际价格，情况看起来就远没那么令人印象深刻了。经过通货膨胀调整后，1975 年的 10 388 英镑相当于今天的 84 340 英镑，这意味着英国的平均房价在几乎 40 年的时期内仅仅上涨了大约 100%。在其他国家的情况同样平淡无奇：从 1900 年至 2010 年的 110 年价格上涨记录显示，按实际价格计算，在美国、澳大利亚、法国和挪威等不同国家房价的年平均上涨率为 1%。世界上持续时间最长的房价连续上涨发生在落座于阿姆斯特丹中心的绅士运河（Herengracht Canal）附近：1992 年绅士运河附近的房地产的实际价格水平与其在 1646 年相同。确实在危机发生前不久的年份里，许多国家的实际价格出现了令人眩晕的暴涨，但那是例外，而不是惯例。

| 如何看待房地产的非理性繁荣 |

把所有这些加在一起，人们就能清楚地明白为什么房地产是行为金融研究者的乐园。行为金融的理念认为，心理学能够解释投资的系统性错误。哈佛大学的学者爱德华•格雷瑟（Edward Glaeser）在 2013 年美国经济学会（American Economics Association）演讲时描述了美国房地产泡沫的九大不同事件，从 1819 年阿拉巴马州土地繁荣到 20 世纪 20 年代纽约摩天大楼的狂热。他揭示出人们一贯忘记一个非常基础的经济学法则：供给和需求。1815 年—1819 年的亚拉巴马州土地繁荣是来自人们相信亚拉巴马州种植棉花的土地和英国的需求将带来无尽的利润；相反，人们种植了更多的棉花，导致棉花价格下降，当地的土地价格也随之下跌。20 世纪 20 年代，人们对曼哈顿摩天大楼的热情掩盖了一个显而易见的问题，那就是向高处建楼制造了空间供应大量过剩的可能，这种可能性在 20 世纪 30 年代如期而至，变成了现实。

银行对房地产的错误认知

如果行为缺陷有助于解释为什么普通人对房地产的了解有误，专业人士在剖析风险方面是否应当会做得更好？事实上，银行和资产管理人似乎同样有犯错误的倾向。从最近的2007年—2008年危机到20世纪70年代的西班牙、20世纪90年代初期的瑞典和日本，以及20世纪90年代许多东南亚经济体，从历史上看，当房产周期达到顶峰和房价下跌时，银行往往会陷入困境。

造成这种局面的一个原因是，即便你相信房地产价格太高，也很难获利。在股票市场里，你可以“卖空”，通过支付一笔费用从现有股东手中借出该股票，然后卖出并期待这些股票价格下跌，然后在股价下跌时买回股票。你卖出时的股价与你买进股价的差额就是利润。但你到底应当如何做到借一套房子以便卖出它呢？那些认为美国住房市场在走向悬崖的投资者，可以通过在信用违约互换市场购买按揭贷款支持证券的保险来表达这种观点，但世界上还有很多更容易执行的交易。没有简单的方式卖空住房，就缺乏下跌的压力来缓解住房市场的过度繁荣。

对安全的认知也使得房地产变得很危险。房地产贷款是“有担保的”——它有有形资产的支持，即便借款者违约，该有形资产仍将保持一些价值。这使得房地产贷款比无担保的贷款安全，在无担保贷款的情况下，如果事情出现问题，放款者便没有担保品补偿。事实上，房地产泡沫更具有讽刺意义的一点是，那些曾被互联网致富幻想欺骗的放款者和投资者认为，这一次他们专注于住房是相对审慎的做法。

尽管有抵押的放贷为单独的放款者提供了一定程度的保护，但它却具有一个不幸的系统性影响：资产价格与可获得的授信之间的反馈环路。房地产价格的上涨在繁荣中提高了银行所持有的抵押品价值，这使得银行更愿意放贷。更容易的信贷意味着买家可以进一步扩大他们的借款，以便获得他们想要的房产，这就进一步推高了房屋价格。这个反馈环路也会朝着反方向运行。随着价格的下降，放款者收紧他们的标准，迫使潜在的买家选择退出市场，并加速了价格的下跌。

有抵押贷款的相对安全性植根于银行资本规则中。银行资本是银行从股东手中获得的权益融资的简写。因为权益承担亏损的冲击（与债务不同，不论银行是否遭受了亏损，债务都需要被偿还给放款者），所以权益为金融体系提供了最重要的安全边际。有一个简单的方法用于确定银行必须筹集的资本金额，这个方法被称为“杠杆率”，它是最低水平的权益在银行资产的占比。最新一套巴塞尔协议规定银行资本的最低杠杆率为 3%，要求有 1 000 亿美元资产的银行必须至少有 30 亿美元的权益。但是杠杆率并没有考虑资产的风险程度：不论一家银行是投资于乏味的美国国债，还是更大胆地投资于高收益新兴市场债券，这家银行都需要有 30 亿美元的权益。这看起来是错的：如果权益是资产负债表中吸纳亏损的部分，当风险更高时，是否应当有更多的权益呢？

因此，监管者采用了另一种通过测量资产的风险程度来确定资本的方法，即那些被认为是安全的资产被赋予低于现实的价值。这些计算对银行资产负债表的规模有着重大影响。举一个随机的但又相当典型的例子，2012 年中期，摩根大通的资产在风险调整前为 2.2 万多亿美元，但在对资产进行风险加权后降至略高于 1.3 万亿美元。这对于银行必须从股东那里筹集的实际资本数额有着重大的影响。2007 年美国十家最大的银行业公司的杠杆率仅为 2.8%，尽管它们基于风险的资本充足率仍然在 11% 左右。

在这样的环境下，房地产看起来非常有吸引力。风险权重受到许多因素的驱动，但其中两个最大的因素是“违约概率”和“违约损失率”。违约概率衡量的是一笔贷款不被偿还的可能性，违约损失率则衡量的是如果借款者确实未能偿还借款，债权人将承受的损失数额。对违约损失率的计算显然青睐于有担保的资产，而不是无担保的资产：如果可以提出索赔并出售一项资产，你可以收回更多的钱。这就意味着房地产的风险权重低于其他贷款，如公司债。

当然，风险权重并非是决定业务组合的唯一因素：首先，那些风险较高的资产应当吸引更高的回报。但是因为银行通常更愿意用债务而不是权益为自己融资，于是较低的风险权重提供了更大的额外激励，促使放款者将更多的钱投向房地产，而不是诸如中小企业的贷款等其他资产。

|政客们对房地产的推波助澜|

政客们对此更有火上浇油的倾向。直到2007—2008年危机暴发，美国一届又一届的政府都有促进住房拥有率的政策。如果想要人们拥有自己的房子，那么必须为他们找到买房的融资方法。从1938年为住房按揭贷款创立二级市场而创建房利美，到2003年乔治•W•布什总统签署的《美国梦首付款法案》（*American Dream Downpayment Act*），美国政府帮助设立了融资基础设施，推动了美国住房拥有率的进一步提升。不但如此，美国政府创立了一套说辞，使得拥有住房成为一件自然而正义的事情。当布什总统签署那名字引人注目的《美国梦首付款法案》时，他讲道：

> 今天我之所以在这里，是因为我们在采取行动，使得数以千计的美国人距离他们拥有一套房子的梦想更近了。我们的政府支持居者有其屋，这对美国是有好处的；这对我们的家庭是有好处；这对我们的经济是有好处的。居者有其屋所面临的最大障碍之一是弄到钱支付首付款。本届政府已经认识到这一点，因此，今天我很荣幸地在此签署一项法律，这项法律将帮助许多低收入的买家克服这一障碍，以实现他们美国梦中的一个重要部分。

私营企业无法独立地编出这套说辞：私营企业的利益是商业利益，因此这套说辞马上就会令人起疑。但是，加上了总统的权力以及少量的爱国主义修辞，于是次级按揭贷款就变成了一项实现平等的工具。“你让贪婪和公平一起前进，这种事情是难以停止的。”一位华尔街人士这样评价道。

|快速增长的金融业对总生产力增长的破坏性|

所有这些围绕着房地产的扭曲有助于解释为什么快速增长的金融部门似乎对于总生产力的增长是有害的。人均 GDP 的增长似乎与金融部门占总就业的比重负相关（也就是说，银行家的数量越多，我们变富的速度越慢）。国际清算银行的斯蒂芬 • 塞克迪（Stephen Cecchetti）和艾尼赛 • 卡拉比（Enisse Kharroubi）于 2013 年共同发展的一篇论文提出，造成这种情况的部分原因是金融增长是通过将不成比例的资本引导进诸如房地产等部门。像住房、办公大楼或者仓库这样的有形资产更容易被估值，更容易作为融资保证；如果发生借款者违约时，有形资产也提高了回收率。当金融在快速增长时，它所做的是引导资本到最为自然流向的地方，而不是引导到资本使用最有成效的地方。并且，就像第 2 章中“错误的替代品”理念所揭示的，金钱最自然流向的地方是它感觉最安全的地方。

然而，房地产的安全性一次又一次被证明是虚幻的。当借款者违约并且房子被以低于未偿还贷款的金额卖掉时，放款者就开始承受损失。因为房地产是银行资产负债表的重头，且银行负债也很多，在房地产上的损失足以侵蚀银行自身单薄的权益。“银行是有杠杆的，房地产是有杠杆的，因此是双重杠杆，”汇丰银行的一位前首席风险官总结道，“这就是为什么房地产崩盘对于银行来说简直就是灾难。”一些监管者已经注意到金融史的重复性。“我们不想再打一次同样的仗，”针对房地产崩盘，一位欧洲银行业监管者私下这样说，“但是事实上，我们总是不断地重复着同样的战争。”

认为房地产市场遭受太多标新立异想法的打击无疑是老生常谈了。的确有许多努力使得消费者和投资者承担越来越多的与房地产相关的债务。但是，上文所描述的所有房地产缺陷都在支持更多的新想法，而不是更少的。

| 奥德菲尔对房地产金融的破解之道 |

西恩·奥德菲尔德对双重杠杆问题的解决在于风险共担，这有两种模式。

第一种模式是运用“共享权益”（shared equity）的概念，在此之下，银行也可分享房子的所有权。目前，当涉及住房时，大部分人都会面临两个选项：要么租房子，要么持久欠债以便拥有一所房子。“还没有什么办法，可以让人们部分地拥有某种东西？”奥德菲尔德说。按揭贷款人承担偿还义务，不论房价或利率发生了什么，这个义务仍然存在。奥德菲尔德在澳大利亚的童年回忆之一，就是他跟母亲一起去找银行经理，当时利率已经高涨，维持偿还按揭贷款的负担已经威胁到他们继续居住在家中的能力。每年小幅增长的薪水与可能突然显著激增的成本之间的错配，即使在当时，已经令年幼的奥德菲尔德觉得不公平了。

企业不会以这种方式来限制它们的腾挪空间。企业既发行债务也发行权益，还发行一些介乎两者之间的混合工具，这就给了企业更多的灵活性。当利率下降时，可以削减股息。当亏损增加时，股东承受压力。奥德菲尔德希望房主实际上也能发行权益，降低房屋支付，分享、分担房价变动所导致的损益。

在 J. C. Flowers 的支持下，奥德菲尔德创立了英国按揭贷款公司——城堡信托，提供一种名叫“合伙按揭贷款”的产品。在这种产品中，该公司提供房产价值 20% 的放款，但是不要求借款人支付月度利息或偿付本金。替代的是，当房主卖房时，他或她必须偿付最初贷款金额并允许城堡信托分享房价上涨收益的 40%。相反，如果房价已经下跌，城堡信托将负担损失的 20%。

共享权益的理念对于城堡信托来说并不新鲜。奥德菲尔德在澳大利亚建立的业务同样是基于该理念。那家企业是基于一个基金管理模式，他们把从投资者手中筹集来的资金部署在按揭贷款上，最终收入再返还给投资者。城堡信托以同样的模式开业，直到一天晚上，奥德菲尔德在与妻子看电视时产生了灵感。他关掉电视，拿出了白色书写板（对于金融专业人士来说，这是居家用品的选项之一），在上面，他简要地画出了一种完全不同的商业运营模式。

新的模式即第二种风险共担模式，是基于资产负债表的结构化以便在城堡信托的借款者及其放款者之间实现风险共担。要记住，债务的一项有害的特征是，在任何情况下，债务都有偿付贷款本息的义务。在低迷时期，该特征损害了房主的利益，这就是为什么共享权益是一个具有吸引力的理念。但是当出现房地产萧条时，银行也会受损，因为银行很多的自身放款是通过借款融资的。银行在资产负债表的资产端所承担的损失并不能降低它们的欠债。共享权益并不能解决这个问题；相反，它可能使这个问题恶化。

金融市场人士有时候将银行的按揭贷款账簿比作一个“卖出期权”。卖出期权是一种合约，合约的买者有权利不晚于某个特定的日期以一个特定的价格卖出一项资产，卖出期权的卖者有义务在买者行使该权利时购买这项资产。当价格暴跌并且你最终不得不以高于市场价的价格购买一项资产时，卖出“卖出期权”会给你带来有限的预收款项，但蒙受极大的风险。对于某些人来说，这类似于银行发放住房贷款时的那种交易。如果房价上升，银行并没有从这笔贷款中赚到任何更多的钱。如果市场下滑并且开始出现违约，银行才能在下跌的市场中拥有这些房产。

奥德菲尔德的理念是构建一个自动实现再平衡的资产负债表。在资产一边的是随房价下跌或上升而亏盈的按揭贷款。投资于按揭贷款的资金来自于一个追踪全国性房价指数的投资产品，这样一来，如果房价上涨或下跌，投资者收回的资金额也将上升或下降。因此，如果房价下跌，城堡信托公司的资产和负债也都应该下降。当然，事情并非完全那么简单，因为城堡信托融资所捆绑的全国性房价指数与该公司所发放的实际按揭贷款组合之间可能存有差异。很容易想象这个指数与城堡信托贷款组合以不同的速度变动，两者甚至可能向彼此相反的方向变动。奥德菲尔德的任务是在业务中试图模拟全国性指数的构成，以便他在某种特定类型的房地产上或特定地区中没有太多的按揭贷款。

城堡信托公司的这个模式彻底背离了常规做法。奥德菲尔德关于这项业务的最初概念已经与英国住房市场的现实发生了冲突。英国住房市场价格已经再度快速上升。迄今为止，新的房主不愿意接受那种放弃任何资本收益的大部分，以换取在最坏情况下少量保险的按揭贷款。相反，这个业务的增长来自人们的转按揭（remortgaging），也就是公司再度发放没有利息和本金偿付的相当于房地产价值的 20% 的权益贷款，并在房价上涨时获得回报的 40%，但不分担下滑风险。这被证明对于那些买房供出租的投资者以及年长的房主是有吸引力的建议，这些投资者有大量的权益被锁定在他们的房产上，他们先要将其中的一部分快速变现（行话说是“将它液化”）。奥德菲尔德承认，纯粹主义者的房价保险市场的理念尚未成为现实，但是他仍然坚持认为这一天将会到来。

然而，与此同时，关于奥德菲尔德在做的事情仍有许多让人喜欢的地方。一个不受房价变化影响的资产负债表的理念是极其强大的。其他银行在房价上有大量且没有对冲的头寸。当房价急剧下跌到损害按揭贷款放款者时，所有人都会遭难。任何能够中和银行在房地产上的风险头寸的体系都值得追求。

城堡信托公司也解决了房价快速上涨时的一个重要问题：如何拥有住房。房价上涨对于经济整体而言可能是好事情，但是它涉及财富从尚未拥有住房的人转移到已经拥有住房的人。更贵的住房使得想成为业主的人更难买得起房子：1977 年英国首次购房者的平均年龄为 27 岁，到 2007 年变为 34 岁，在 2011 年已经升至 37 岁。市场对这个问题再一次提供了与奥德菲尔德曾经预期的有所不同的答案。奥德菲尔德原来设想这个问题的答案将会是他那个投资产品。如果可以通过指数来投资住房，那么没有住房的人也可以受益于房价的上涨，而不会看着拥有住房的前景正进一步消失在远方。然而，在实践中，共享权益按揭贷款是人们解决这个问题的方法。那些在房子上有大量权益并且子女有住房需求的年长房主，可以释放资金并将现金作为他们后代用于购房的定金。

这不是理想的解决方案：这无疑对那些已经坐拥大量房产财富的家庭是有利的，并且它还通过为新客户流提供即时购买手段而增加了对住房的需求，但它也提高了按揭贷款市场里的权益融资金额，这完全是受欢迎的。

| 美国的房地产金融创新者 |

奥德菲尔德的模式对于美国没那么适用，美国持续地对按揭贷款偿还提供纳税减免，使得权益融资模式难以起飞。但是美国金融创新者正利用迅速成长的出租房市场而忙碌着。美国的住房拥有率从顶峰 2004 年的 69.7% 降至 2014 年第三季度的 64.3%，这是自 1994 年以来最低的住房拥有率。改革房利美和房地美的计划将对进一步收缩美国按揭贷款信贷供应产生影响。如今，许多人由于信用在房地产崩溃期间受损而被拒之住房市场门外。

这种状况已经开始吸引机构资金进入独栋房（single-family-home）的出租行业。在 2013 年 11 月，大型私募股权投资公司黑石的独栋房出租部门 Invitation Home，发售了有史以来的第一笔“独栋房出租”债券。不同的是，按揭贷款支持证券中的投资者获得的收入是汇集起来的按揭贷款偿付，而出租债券是将租户向房东支付的款项捆绑在一起。黑石此次发行的4.79亿美元债券是由在亚利桑那州、加利福尼亚州、佛罗里达州等地的超过三千套住房的房租来支持的。出租债券的理念是另一个值得人们竖起大拇指称赞的理念。尽管对拥有住房的迷恋导致了灾难，但增加出租房供应的融资机制是一件好事。

尽管有这些创新的努力，但住房仍然是一个以缺乏新想法为主要特征的资产——因监管者和政客而特权过度，因主流金融机构而思考不足。在所有关于引爆世界金融体系的新奇产品讨论中，真正导致麻烦的却是人们最为熟悉的房地产。

房地产总体上也为人们思考金融如何能使未来最具创造性提供了一个透镜。住房业的繁荣之所以得以形成的部分原因是在人们管理金钱和风险方式上存在着行为缺陷，而这些缺陷是否能被驾驭并更具建设性结果？住房业的萧条凸显了负债过多的危险。就像奥德菲尔德一样，金融创业家现在也在思考在其他资产类别中增加运用权益作为资本来源的方式。房地产是金融体系中最大的薄弱点，尤其是因为它作为长期资产，却通过更短期的借款融资。如何改变银行体系来消除这些脆弱性？西方经济体乐于运用住房财富来掩盖在财富分配、福利体系的实力以及老年人养活自己的能力等方面的根本问题；房市繁荣的结束强调了对于所有这些问题的新想法的需要。

本书这一部分提出了，金融通过创新在过去解决了巨大的问题，金融业的缺陷是在新想法已经确立后出现的，以及人们更应该担忧的是缺乏创新，而不是创新的存在。在下一部分，我们将着眼于今日金融创新的形态——那些正在驱动金融前进的创业家及其正在试图解决的一些问题。

Smart Money

How High-Stakes Financial Innovation is Reshaping Our World—For the Better

第二部分

金融创新的善世之举

第 4 章

Smart Money
How High-Stakes Financial Innovation is Reshaping Our World—For the Better

社会投资领域的创新领跑者：社会影响债券

具有创新性的金融专家拯救陷入困境的动物园是让游客们饲养和吃掉动物。

《洋葱报》

扭转他人命运的彼得伯勒社会影响债券

马丁内兹•萨瑟兰（Martinez Sutherland）大约四十五六岁，自 14 岁开始，他就进进出出英国的监狱多次。他并没有为自己的行为找借口。“我不能把责任推给我的父母，”他说，“我就是一个小恶棍。”他曾经连续数年坐牢，包括因作为与毒品相关的杀人案的从犯而被判刑 5 年。“我的一生都是在厄运之中度过的。”

像萨瑟兰这样的人扭转命运的前景似乎是很渺茫的，但是两次命运的转折已经提高了他扭转命运的可能性：第一次是他最近的一次坐牢——这是因为他在争吵之后向一位警察吐唾沫（“坐牢是我应得的惩罚”）——刑期较短，不到一年；第二次转折是他被监禁在位于英格兰东部不引人注目的彼得伯勒市（Peterborough）。在一部犯罪传记中，这两个细节听起来微不足道，但是这些细节意味着萨瑟兰有资格参加一个犯人改造项目，这个项目因其融资方式而吸引了全世界的注意。

彼得伯勒是全球第一只社会影响债券的发源地。社会影响债券的运作是利用私人投资者为社会项目融资，尤其是那些在人们严重偏离轨道之前干预他们生活的项目。对投资者投资的偿还来自公共基金，如果实现目标，还会有回报。理论上成功的项目应当导致公共资金的节约，后者可以被用于偿付投资者，而不增加任何额外的公共支出。

彼得伯勒的这个试点项目是从 2010 年开始的，这个项目聚焦于犯人改造。来自 17 家私人投资者（主要是公益组织和慈善信托）的钱大都被用于资助社会组织，这些社会组织与那些在短期服刑后离开彼得伯勒监狱的男性犯人合作——包括在 2013 年 8 月被释放的马丁内兹•萨瑟兰。这是一个被政府服务所遗忘的群体。那些刑期低于一年的出狱犯人传统上很少得到缓刑机构给予的法定帮助。他们中的重新犯罪率非常高：有超过 60% 的人在被释放后一年内重新犯罪。

彼得伯勒的这个项目会测量一个单一结果：这批人在出狱 12 个月之后被定罪的数量。较少的定罪意味着国家较少的支出。彼得伯勒的重复犯罪率将与英国另一个地方的类似状况对照组的重复犯罪率进行对比。如果彼得伯勒的这些人表现明显优于对照组，那么英国司法部和另一个叫作“大彩票基金”（Big Lottery Fund）的公共团体将会向投资者付款。

尽管社会影响债券刚刚兴起，但它是对金融创新究竟能否有用这个问题的一个很好回应。社会影响债券是对富裕国家压缩政府支出做法的一个可能答案。社会影响债券是将资金输送给那些实现最好结果的机构的一个方法，并且它还展示了金融中的一些最为关键的概念——从转移风险到对未来现金流的追索——能够被用来做善事。

|社会影响债券的推动者——罗纳德爵士|

在推动社会影响债券起飞方面，罗纳德·科恩爵士（Ronald Cohen）所做的事情比其他任何人都多。罗纳德爵士是因其推动一种与众不同的金融业态起步而成名的。1972 年，在他 26 岁时，他与人共同创立了一家公司，这家公司后来成为安佰深公司（Apax Partners）。到他 2005 年离职时，安佰深公司已经成长为欧洲最大的私募股权投资公司之一，它所管理的资产超过 400 亿美元。

罗纳德爵士一头银发，思想开放，有政治背景，对人总是彬彬有礼，他是并购巨头中最温文尔雅的人。他在安佰深公司的爱好是培育创业家并使他们有能力让他们自己的理念开花结果。繁荣时代的那种通过承担更多债务买下现成公司的做法并非他的真实所愿。20 世纪 50 年代，他作为来自埃及的犹太难民到达英国，长期以来，他也一直担心社会上富人与穷人之间差距的扩大。早在 2007 年，他就对日益上升的不平等将导致暴力冲突的可能性发出了警告，因而吸引了大量公众的注意力。

罗纳德爵士对创业精神的兴趣和对社会不平等的兴趣在社会投资领域汇合了。社会投资现在有时候被称为“影响力投资”（impact investing），指的是将资本分配给那些既提供社会效益、又提供财务效益的风险项目。社会影响债券提供了这类混合的回报。例如，如果所有降低重复犯罪率的目标都得以实现的话，那彼得伯勒试点项目的投资者可以期待获得最高 13.5% 的收益，这很不错了，但是仍然低于投资者在那么大风险的工具上通常所期望赚取的回报。该计划所带来的社会影响对于财务回报上的这一不足提供了补偿。

罗纳德爵士在此领域的长期辛劳足以使他被称为“社会投资之父”（本书中有很多“之父”，但是很少有“之母”：金融在提升女性方面做得不好）。在2000年，他代表当时的英国工党政府担任“社会投资特别小组”的负责人。社会投资特别小组的职责是关注贫困问题，但是同时着眼于创业精神能够对贫困问题起到帮助作用。正如罗纳德爵士对英国和美国的社会组织的领导人所讲的那样，他注意到了某些奇怪的事情：有大量的资金被卡在慈善基金会手中，有许多服务提供者在做着出色的工作，但是两者没有相遇。正如风险投资的理念是将金钱与追逐利润的创业者联系起来一样，罗纳德爵士开始确信有机会对社会创业家做同样的事情。

为了使这种情况发生，所需要的是“社会投资银行”，这个机构会对不同的产品进行试验并运用其资产负债表来向有前途的组织提供资本。向这个方向的第一步是 Bridges Ventures，它是罗纳德爵士在 2002 年创立的一家社会投资基金，该基金以商业回报为目标，但是聚焦于英国最贫困的地区。下一步是罗纳德爵士在另一个政府委员会的任职，这次是考察英国银行账户里那些无人认领的资产可以做些什么。有人建议运用这些资产中的一大块——2.5 亿美元——来建立一家社会投资银行，这项建议被时任的工党首相戈登•布朗拒绝，相反布朗只同意提供 7 500 万美元。这些钱对于罗纳德爵士来说是不够的，他在 2007 年的反应是建立了一家名叫“社会金融”（Social Finance）的组织，该组织的职责是证明社会投资银行能够做什么。他和 3 位朋友出钱并开始招募人手。

招募“社会金融”团队的目的是为了让他们创新，随着这个团队开始研究世界各地的项目，一个创意开始萌芽了。难道不可以根据非营利组织的工作表现来决定融资额，同时用基于更好工作结果而节省下来的政府经费来回报投资人吗？对于这个融资机制，罗纳德爵士引入了风险投资的做法：通过让像“社会金融”这样的中介一路协助社会组织，这样的处理既可以提升管理技能，又能增加资金。

于是，社会影响债券的概略图浮现在纸面上了。在一次偶然的交谈中，有人谈及现存有关犯人的数据，这将“社会金融”团队引导到了对它的首次实践上：降低犯人的重新犯罪率。因此，2010 年，罗纳德爵士等人前往英国司法部介绍了将利用 1 200 万英镑的社会影响债券来支持出狱者康复项目的主意。这些出狱者来自三个监狱。

据罗纳德爵士说，时任的工党司法部长杰克 • 斯特劳（Jack Straw）倾听了有关的提议后，转向他手下的一位官员说道：“我知道我们应该对第一次介入尝试保持谨慎，但是我们会关注这个项目的。”斯特劳的团队总算如愿所偿了，他们告诉“社会金融”团队可以尝试这个主意，但是这笔债券的规模只能是 500 万英镑，而不是 1 200 万英镑。斯特劳的团队还说，这笔债券应当聚焦于一座监狱，并且希望这座监狱是在彼得伯勒。

我在 2013 年 5 月采访问了这个项目。不可否认的是，这个计划的确令人印象深刻。运营彼得伯勒项目的是一个名叫“One Service”的伞状组织，它聚集了若干具有不同专长领域的慈善机构，从心理健康到为犯人家庭提供支持服务。在犯人还未出狱时，与犯人的接触就已经开始了。那些选择参加这个计划的人（大多数人选择加入）在获释一走出监狱大门时，就会被人迎接，这样的话，诸如提供住房等基本问题就能被妥善地解决了。否则的话，一些犯人一出狱就会为确保自己有住处而立刻再次犯罪。

获释的犯人被分配给社会工作者来照顾，其中一些社会工作者本人就曾经是犯人。志愿者们提供了进一步的支持，来帮助他们解决诸如就业培训等实际问题。该计划有其自身的培训活动，为那些希望学到一技之长的犯人提供为期 16 周的油漆和装饰课程。当我访问培训中心时，一群灰头土脸的青年人正骄傲地展示他们刚刚完成的隔断墙。当然，找到工作是最大的困难，One Service 组织也帮助他们寻找实习机会。2013 年末，当我第一次与马丁内茨·萨瑟兰谈话时，他就在这样一个实习岗位上，第一次住在他人生中属于自己的地方。人们很容易对他的前途持怀疑态度，但是他的语调是乐观的，他的声音里充满了机会。一条走出“厄运”的大门正在开启。

整个项目的进展充满了希望。2014 年 8 月公布的结果显示，相比全国基数，自这个项目开始实施以来，再犯罪率下降了 8.4 个百分点。如果该项目的表现保持这样的水平，并实现再犯罪率比对照组少 7.5 个百分点或更多的话，那初始投资者将在 2016 年获得偿付。

| 社会影响债券的引领者：英国 |

不论彼得伯勒社会影响债券的最终结果如何，其真正的影响将是启动了一个全新的市场。这完全得益于来自保守党的英国首相大卫·卡梅伦对其称之为“大社会”（Big Society）理念的热情支持，英国成为大多数社会影响债券的所在地。虽然几乎没有人知道大社会到底意味着什么，但是如果说这个词真的有任何实质内容的话，那就体现在社会投资领域中。在卡梅伦政府执政下，罗纳德爵士关于社会投资银行的旧想法已经变成现实：2012 年罗纳德爵士成为大社会资本公司（Big Society Capital）的首任董事长，大社会资本有 6 亿英镑资本金和创立社会投资市场的委任。在英国，已经发起的或者正在开发中的社会影响债券现在已经有好几十笔。每一只社会影响债券都令极客们兴奋不已——棘手的问题终于被数据和激励的调整所解决了。

到今天，大社会资本的投资之一是艾塞克斯郡地方议会（Essax County Council）委托的一个社会影响债券项目。该项目旨在针对问题青少年，以避免他们最终再次回到政府救助机构。把十几岁的青少年留在他们的家人身边对于他们的长远前途来说十分重要：在英国所有犯人中，有四分之一的人曾经被寄养，相比之下，英国总人口中这一比例为 2%。这笔社会影响债券将资助一个名叫“多系统疗法”的计划，该计划是一个强化干预，不仅与孩子合作，也与任何在孩子生活中起很大作用的人合作——从家人到学校，甚至有时候是那些给孩子供应毒品的毒品贩子。让那些孩子远离寄养意味着国家可以省下一大笔钱，而这笔钱将偿还给投资者。

另一只社会影响债券是为伦敦两家无家可归者服务慈善机构提供资金，帮助大约 800 名长期“露宿者”远离街头。这些人常年进出政府救助机构，有时即使他们有住宿地，但他们还是会回到人行街道，最终往往会被送到医院急救室里。这些人既不是已经非常适应街头生活以至于能够自给自足，也不是对于街头生活非常陌生而可以被迅速送到临时住宿处。一个冬天的清晨，我跟随一家名叫 St. Mungo's 慈善机构的工作人员凯斯 • 西姆斯（Kath Sims），去核查一些在她名单上的无家可归者。她的名单上有 415 人。在伯克利广场（Berkeley Square）附近的一条街上，我目睹了她在一个被紧紧夹在门道中的蓝色睡袋边跪下，睡袋里是一位长期露宿者，此人有暴力史、吸毒习惯和一串监狱服刑记录。对于像这样经历的人，没有什么快速解决问题的办法。凯斯需要时间与他建立关系：停下来说“你好”和塞给他一支烟是这个过程的开始，哄骗他进入临时住宿处是通常使用的第一步，但这不是正确让露宿者远离街道的方法：结果他只会打架滋生事端，一条被逐出的记录将使得最终安置他到永久住处变得更加困难。相反，当务之急就是通过美沙酮戒掉毒品依赖，控制住他对毒品的滥用。这需要时间、努力和承诺资金。

社会影响债券的理念不是仅来自公共部门。非营利组织所安排的第一只社会影响债券就出自领养领域。一个由 18 家英国自愿领养机构组成的群体正在运用社会影响债券来资助一个为困难安置儿童寻找领养家庭的计划。领养是一个买方市场：想成为养父母的人挑选孩子，最可爱的、最小的和皮肤最白的孩子找到新家的概率最高。安置兄弟姐妹尤其是个挑战：这不是一个人们批量买进的市场。这只社会影响债券将资助一个项目，其中代表困难安置儿童的领养机构，比如，将在领养最初两年中，给予领养家庭更深入的支持。投资者所获得的偿付来自于由于成功安置而给当地政府带来的资金节约。

英国可能是社会影响债券的引领者，但是在遥远的澳大利亚、哥伦比亚、加拿大和印度等地方也在开发社会影响债券。罗纳德爵士担任了八国集团（G8）社会影响投资特别工作组的负责人，在该特别工作组 2014 年 9 月的报告中，概述了政府在鼓励这个市场方面所能采取的举措。社会影响债券甚至可能在巴勒斯坦冲突中扮演一个角色。罗纳德爵士极其雄心勃勃地希望能在以色列组织社会影响债券，为正统派犹太人和在以色列的阿拉伯人提供培训和就业安置援助。据他所建立的中介组织“社会金融”估算，目前全球有多达 100 项不同的社会影响债券倡议。

| 方兴未艾的美国社会影响债券 |

目前社会影响债券的重心逐渐转向美国。美国第一笔社会影响债券在 2012 年夏天于纽约市推出。与彼得伯勒债券一样，涉及犯人改造领域，纽约市的这笔债券针对的是赖克斯岛（Rikers Island）监狱里的青少年。这笔债券的投资者包括高盛集团以及迈克尔•布伦伯格（Michael Bloomberg）的个人基金会。布隆伯格是纽约市的亿万富翁和前任市长。

马萨诸塞州在筹备两笔社会影响债券，其中一笔是同样的为期 7 年的 2 700 万美元的犯人改造项目，高盛集团再次出资一部分。马萨诸塞州是“社会金融”

的美国姊妹机构所在地，也是哈佛大学肯尼迪政府学院公共政策教授杰弗里·利伯曼（Jeffrey Liebman）所建立的“实验室”所在地，这个实验室一直为纽约州和马萨诸塞州的政府机构提供有关社会影响债券的技术援助。利伯曼是在考察了彼得伯勒债券之后建立这个实验室的。市场对他的服务需求量很大。2013 年的一笔经费使得利伯曼的团队能够再增加向四个州提供咨询服务，但最终吸引了来自 28 个州的申请。

| 社会影响债券在社会项目中的潜力 |

华尔街也意识到了社会投资领域的机会。除了高盛集团参与到这个领域之外，美国银行（Bank of America）在 2012 年为如下这个肉麻的句子——“可以为任何社会真正想要的提供资金并实现它”进行了商标申请。申请表中提到了社会影响债券等机制。

使人们对社会影响债券感到兴奋不已的是它将可持续的资金引导到那些有着最好结果的社会项目的潜力。通过运用市场机制，社会影响债券协调了多方的动机：委派服务的政府机构、提供服务的社会组织以及提供资金的投资者。

让我们依次考察一下每一方。当社会辜负了其公民时，政府——或者，更确切地说，纳税人——处在金融链条的末端。帮助社会最边缘化的群体是任何政府都应该做的正确的事。这样做的代价也很高昂。许多政府现在已无法承受像过去那样的挥霍。20 世纪是无可阻挡的国家扩张主义的历史。随着社会安全网等变得更广更厚，发达国家政府这个庞然大物占据了更大的经济份额。随着新兴市场的公民变得更为富有，要求更多的福利保障，新兴市场的模式在 21 世纪中很可能会一样。

在2000年代里，公共支出的增长在疯狂地加速。汇丰首席经济学家史蒂芬·金（Steven King）在其杰作《当金钱耗尽》（*When the Money Runs Out*）中指出，西方政府支出在2000年至2012年期间发生了快速跳升：在美国，从GDP的33.9%升至41.1%；在英国，从GDP的36.5%升至48.9%；在法国，则从GDP的51.6%升至55.9%。也许你会反对，认为跳升是由于拯救银行以及被银行所摧残的经济所致，而金融危机仅仅是跳升的部分原因。一般而言，这些跳升中的大约一半发生在危机之前。

|政府如何打好社会影响债券这张牌|

随着人口老化，公共支出中增长最快的是诸如养老金和医疗保健的福利计划。美国国会预算办公室（Congressional Budget Office）估计，诸如社保（Social Secuirity，养老金）、医保（Medicare，为老年人提供的医疗保健）和医补（Medicaid，为穷人提供的医疗保健）以及奥巴马医改计划中的补贴，这些福利计划的总成本将在未来势不可挡地上升，从2013年相当于GDP的9.8%提高到2035年的13.6%。

削减福利计划这个民主政府所面对的问题，既是最为明显的财政修补，也是政治上最缺乏吸引力的。相对容易一些的选项，是尝试降低“自行裁量项目”（discretionary program）经费，正如其名字所暗示的那样，在这种情况下，国家不必重新协商对其公民的保证承诺。

社会影响债券构架是在这些自行裁量领域中实现更有成本效益支出的一种方式，因为只有在产生了特定结果的情况下，政府才会付款。例如，如果目标没有实现，彼得伯勒债券的投资者将一无所获。

当然，即使在没有节省支出的情况下，国家仍有可能付款。例如，如果过去发生长达一周的骚乱意味着地方监狱比以往更为拥挤的话，那么彼得伯勒计划可能会导致重犯罪率的大幅下降，但这不会给英国政府带来任何财务好处。真正大的节省将需要一个足够大的改造计划，以致整个监狱可能被关闭。但正如债务是运用未来收益为当前支出融资一样，社会影响债券是运用其未来将产生的成本节约来为当前预防性社会干预付款。

社会影响债券是对现有的那些基于业绩而付款的政府采购流程的改进，但往往将错误的结果纳入业绩的计算中。例如，就业培训计划经常聚焦于诸如参与者人数等投入以及诸如毕业生人数等产出，而不是找到工作者的数量。这就好比测量的是一家工厂在一小时中所生产的产品数量，而不是看其中卖出去了多少。

其结果是，金钱——许多金钱——被投入到那些实际上没有带来合宜结果的计划中。从 1990 年至 2010 年期间，有十项美国联邦政府社会计划被评估。评估方法采用了随机对照实验法，人们被随机分配到两组之中，一个组的成员获得特定服务，另一组则没有。测量这两个组的结果差异会展示出一个特定计划的用处有多大。这十项联邦计划中有九项显示微弱或者没有正面效果，说白了，它们就是在浪费纳税人的钱。

一些方案甚至还会带来危害。一个有着敏感名字的美国项目叫作“恐吓从善”（Scared Straight），该计划旨在通过允许十几岁的青少年与被拘留的惯犯进行互动来阻止青少年一生中有可能发生的犯罪行为。其结果似乎是非常令人鼓舞的，直至随机对照实验给出了一个更为全面的结果，即如果没有机会与连环犯罪者坐在一起的话，这些孩子会发生什么情况。随机对照实验显示，该计划不仅提高了犯罪率，而且给纳税人带来的成本比其带来的任何好处要高出 30 倍以上。

即使政府应用像随机对照实验这样的合理度量和技术，按表现付费的合约还面临着另一个问题：现金流。像One Service和St. Mungo's这样的提供者，需要为他们的员工和供应方所提供的服务买单，这些人是不可能一直等到结果评估出来后才收钱的。并且如果政府在合约开始时就支付现金，那么即使结果令人失望，纳税人终究还是花了钱。因此社会影响债券协议给政府带来的希望是三重的：基于结果的付款结构、在未来付款以及将浪费支出的风险转移给他人。

一旦开始思考这个模式，你就很容易识别各种迫切需要更多资金和更伟大创新的领域。例如，重新进入平民生活的军人，在作出转变方面会面临巨大的困难。据美国退伍军人支持组织（Veterans Support Organization）称，在经历了伊拉克和阿富汗的战争后回国的军人中，近乎五分之一的人有创伤后应激障碍或严重抑郁等症状。这些退伍军人的失业率、无家可归率和自杀率都高于平均水平。这不仅是人间悲剧，也是一笔大的财政负担。一个在退伍军人重返社会过程中与他们紧密合作的计划应当是社会影响债券的天然候选者。

在健康方面，那些确保对像糖尿病等疾病病情的早期诊断项目，具有实现巨大节约的前景。美国糖尿病协会（American Diabetes Association）估计美国2012年确诊糖尿病的总成本为2 450亿美元，其中1 760亿美元用于直接的医疗支出，其余则消耗在低生产率上。如果那些有前驱糖尿病的人——血糖高于正常水平但尚未达到糖尿病的水平——被及时诊断出来并改变他们的饮食和锻炼习惯，那么上述代价可能至少会得到抑制。再一次，社会影响债券可能成为早期诊断项目融资的机制，而政府用降低II型糠尿病发病率所节省的经费来偿付。

|推动非政府机构对社会影响债券的资助|

然而，政府不必成为委托社会影响债券的唯一实体。在新兴市场，国家机构往往未充分发育；在非福利国家，社会影响债券所资助的项目也不可能寻求巨大的政府节约。但是仍有大量的资金通过援助机构和国家发展预算流向这些国家。

杰弗里•利伯曼在马萨诸塞州实验室的一位前同事迈克尔•别林斯基（Jeffrey Liebman），已经建立了一家名叫 Instiglio 的咨询机构，就新兴市场社会影响债券（也被称为“发展影响债券”，development-impact bonds）提供建议。他一直为之工作的一个社会影响债券项目旨在改善印度被边缘化女孩的受教育结果，这个项目将由印度当地一家非营利机构来实现，并且，如果项目成功，那将由一个西方援助预算来支付。对投资者的付款将基于两个指标：女孩们在学校的入学率以及她们的学业改善程度。在其他学校的对照组女孩将接受相同标准化测试，为衡量该计划是否成功提供基准。目前其他正在考虑的发展影响债券包括在乌干达消除昏睡病的项目以及在斯威士兰降低艾滋病病毒（HIV）感染率的项目。

社会影响债券的架构甚至可能根本不需要任何公共资金。加利福尼亚州夫勒斯诺（Fresno）的一个名叫健康影响债券的试点项目，在测试社会影响债券的变种。夫勒斯诺大约有 20 万人患有哮喘病。该试点计划的目标是该郡的 200 名儿童，他们平均每年进入急诊室 1.5 次。非营利组织 Collective Health 为这些儿童的家庭提供资金，以实施诸如清洗和更换地毯等多种简单预防措施。该组织期望这个项目可以显示出其能为医疗保险公司带来显著的节约。如果它可以这样做，那么下一步将是推出一只完整的社会影响债券，保险公司将用从降低索赔中节省下来的资金给投资者提供偿付资金。

| 社会影响债券中的当事方之一：社会服务提供者 |

除了社会影响债券的委托者之外，交易的另外两个当事方又如何呢？做实际工作的组织获得的显而易见的益处是社会影响债券能够保证资金的流入。随着政府资金的收缩，慈善机构需要找到其他方法筹集资金。社会服务提供者也会有压力，因为业绩表现的好坏是根据触发付款的因素来评估的。这些数据可以提供宝贵的新洞见。在彼得伯勒，数据板展示了从重复犯罪率与步出监狱大门的被迎接模式的关系到社会工作者逐月活动比较方方面面的信息。

对许多人来说，这听起来太像企业了：例如，使人们重新融入社会这样无形的东西如何能够被简化为一系列数字呢？但是如果没有这样的数字，任何人如何知道怎样做才奏效呢？例如，如果没有审查学习结果的激励，为印度女学生提供的教育项目可能盲目地将同样规模的时间分配给该计划中的每一个孩子。然而，教师心里所掌握的那些数据信息，可能会促使教师在一个需要更多关注的孩子身上花上三个小时，而对于另一个不需要的孩子只花上一小时。

在某些方面，来源于私人的资金可能比来自政府的资金更加人性化。社会影响债券就是要成为一种更有耐心的资本形式。政府合约往往以 12 至 24 个月为一个周期运行，但是最困难的社会问题从来都不可能在那种时间框架下得到解决。投资者准备将他们的资金锁定更长的时间：例如，彼得伯勒社会影响债券最初设计为运行 6 年时间。这就意味着服务提供者可以明确地制订计划和增补人员。他们也有自由进行实验。社会影响债券所帮助的人往往是混乱的。例如，那些曾经犯罪的人往往缺乏条理；许多人有毒瘾或者患有抑郁症等疾病；所要帮助的人经常联系不上。这意味着保持服务运行方式的灵活性是至关重要的。例如，前文提到的彼得伯勒的惯犯马丁内兹 • 萨瑟兰在 2013 年圣诞节之前的一段日子非常缺钱。One Service 送给了他 25 英镑的午餐券，从而减轻了他的压力，也避免了他再次走入歧途。

这种灵活性为社会企业领域中某种非常难以捉摸的东西——即“做大”的可能性提供了潜力。一个成功的金融体系带给人们的希望是资本被分配到其最能有效地被运用的地方。一家私营初创企业有一系列募集资本的选择，从其初创阶段（天使投资或者如我们将在后面章节中所提到的众筹）到实地测试业务（风险投资和银行放款）到建立成熟的商业企业（私募股权、银行和资本市场）。如果以营利为目的的企业做得很好，它就能够筹集更多的资金。

非营利机构会发现，他们要想获得使其增长的资金是件很困难的事。从 1970 年到 2007 年之间，美国建立了超过 20 万家非营利机构，但是其中只有 144 家的年收入达到了 5 000 万美元。为什么会是这样？政府受到的约束包括预算时间表期限短、采购要求、政治风云变幻、害怕融资失败——现在又面临资金短缺的约束。政府是不可靠的资本来源。纯粹慈善的融资模式也面临着类似的不可预测性。慈善家们往往会承诺出资两年到三年，然后就会停止了。罗纳德爵士过去在他本人的赠与中就是遵循这种模式：在缺乏方法评估他的捐赠结果的情况下，他所拥有的唯一杠杆就是停止资金供应。但是随着他开始考察社会投资，他意识到即便提供了资金，但这种模式还是束缚了人们。当所依赖的资金突然干涸时，社会企业想要扩大规模是一件非常困难的事。但是如果机构能够有既能带来好的社会结果，又能带来好的商业回报的成功案例，那么资金就有可能会源源不断地到来。

| 社会影响债券的当事方之一：投资者 |

让我们把问题转换一下，从投资者的视角来考察社会影响债券。对于慈善家来说，社会影响债券使得慈善家在利用他们的金钱方面更为严格。投资者不是简单地把现金交给服务提供者，然后就期待着最好的结果，而是需要获得项目进行期间进展的数据。即使是不成功的社会影响债券计划，也会因为其向投资者提供了用于筛选未来的赠与机会的信息而变得富有价值。

例如，伦敦无家可归债券追踪总共五类指标：（1）目标群体中仍然露宿者数量；（2）安置到住宿处的人数；（3）使露宿者与其家人重新取得联系的努力；（4）健康问题，包括往返急诊室的频次；（5）找工作的进展情况。在这个计划推出后几个月内，投资者就开始得到偿付。这种设置，正如罗纳德爵士确认的，与私募股权投资者获得有关其基金所拥有的企业报告没什么不同。

总的说来，社会影响债券背后的理念以及影响力投资背后的理念，不仅仅在于这是一个评估结果的更好方式，而且其财务回报也将提高社会项目总体可用资金的规模。但是难以回答的问题是，如果要不断地吸引更多的这种资金，那你需要持续不断地提供财务回报的时间将有多长呢?

| 社会影响债券的变体 |

彼得伯勒社会影响债券无疑是对金融创新典型的首次突破。为了评估项目结果，它要求投资者承担许多风险。如果重新犯罪率改善了，比如说下降了 7 个百分点，那么仍达不到彼得伯勒合约中所规定的目标，投资者将失去其所有的投资资金。尽管它被称为社会影响“债券”，但其功能更像承担风险的权益资本。

这种讨价还价对一群坚定的慈善基金会和爱心人士可能没有问题。例如，伦敦无家可归债券的投资者之一是一位富人，他的儿子曾经有一段时间露宿街头，因此他对此感同身受，而为该事业提供了资金。但是要吸引大规模的资金则会面临太大的风险。另外，如果提供给投资者的回报大大高于对这些风险的补偿，那么又会超出政府从犯罪率降低中获得的节省资金。

因此，在金融创新早期的典型结构中，每只社会影响债券会随着参与者在社会结果和财务结果之间的平衡而衍生出一些轻微的变体来。在纽约市前市长布隆伯格的布隆伯格慈善基金会（Bloomberg Philanthropies）的担保下，纽约市犯人改造计划保护了高盛集团投资的大部分金额。担保设定了高盛集团在重新犯罪率目标没有达到的情况下面临的损失上限。一些人认为这种模式——慈善家、政府自身或担保投资者的部分投资资金得以返还——是会带来更多资本的形式的。

另一种选择是将来自社会影响债券的回报与其他资产混合起来。Allia 是英国一家致力于社会投资的慈善机构，2013 年该机构使得零售投资者首次可以获得社会影响债券。Allia 借助于一点点简单的金融工程使得风险变得可接受。投资到 Allia 债券的每 1 000 英镑中，有 780 英镑被用于向一家社会住房提供者发放一笔固定利率贷款，当这笔贷款被偿还本息时，将使得投资者收回他们的 1 000 英镑，另外的 200 英镑将用于向艾塞克斯（Essex）的问题儿童提供多系统治疗的社会影响债券，这为投资者提供了获得额外回报的可能性（另外 20 英镑是费用）。这个结构不是完全没有风险的，投资者会面临社会住房提供者破产的风险。但是投资者并不依赖社会影响债券的表现来收回他们的（名义）本金。

这些变体都在试图削弱投资者所承担的风险，以期望能提高可吸引的资金规模。罗纳德 • 科恩爵士作为风险投资家，所奉行的哲学是寻求“球的第二次弹跳”，即预见一个行业的下一步。他认为，社会投资市场的自然演进是为了让慈善基金会和信托机构将其资金的一部分分配到社会影响债券和其他类型的社会融资工具上，从而将它们转变为一种资产类别。

另外，有些人认为在吸引个人投资者方面存在着巨大的机会。人们对于自己的现金是非常慷慨的。通常，美国一年里以慈善为目的的资金捐款总量（而不是志愿者的时间付出）超过 GDP 的 2%。据芝加哥大学经济学家约翰·利斯特（John List）称，自 1968 年以来，捐款增长速度是标准普尔 500 指数增长速度的两倍。个人捐献者在捐款上最为大方，占据了美国年度总捐献规模的 75%。

如果人们知道把钱捐赠出去就无法收回的情况下，依然还准备给慈善机构捐赠，那么假设在有合理的可能性能收回部分现金的情况下，人们会多捐出多少钱呢？答案取决于人们当初为什么要施舍。一个理论强调的是捐赠带给被施舍方的好处：捐赠的目的是为了实现一个结果，不论这个结果是减少街上的无家可归者人数，还是再犯罪率的下降。对于这类真正助人为乐的捐赠者来说，基于结果而提供资金的主意必然具有高度吸引力，那捐赠也会更有效；随着这些钱返还给投资者，投资者还会将这些钱再投资到其他慈善活动中。

但是，还有一种关于慈善捐赠的理论存在。这种理论被称为“不纯粹的利他主义”，它强调的是捐赠带给捐款者的好处：捐赠会导致温光效应（warm glow）或者捐赠者的形象在其他人眼中得以改善。如果人们施舍是为了让自己感觉像圣人和看起来像圣人，那么社会影响债券所追求的那种货币动机实际上可能会弊大于利。毕竟天使们就没打算得到报酬。获得财务回报，会使得捐赠意味着无求回报这一信号变得模糊。

这种观点至少自 1970 年以来就已经存在，当时英国社会科学家理查德·蒂特马斯（Richard Titmuss）提出的假说认为，为献血付费实际上会有降低献血规模的效果。近期一项研究考察了这一顾虑。在一个实验中，参与者被要求向美国红十字会（American Red Cross）捐赠，具体做法是在最长五分钟内，轮流点击一个键盘上的两个键。该实验旨在揭示参与者的动机程度：每两次点击代表对这家慈善机构的一笔捐款，但是随着点击次数的增加，每次所赠与的金额逐步下降。因此你必须要有积极性才会在所分配的时间中一直点击下去。一些参与者被告知，他们必须把自己的捐款公开，其他人则是私下捐款；一些人被给予报酬，其他人则没有。结果显示，当不涉及报酬时，那些公开捐款的人所做出的努力显著高于那些秘密捐款的人。利他主义看起来确实是不纯粹的：被认可很重要。

当把报酬因素考虑在内时，出现了一幅不同的图景。对于那些其结果被公开的参与者而言，当可以赚钱时产出有所下降，这就是蒂特马斯所预计的效应。但是在有财务刺激时，私下捐赠者的努力程度远高于没有财务刺激的时候。所有这一切都说明，当人们想要宣传自己的美德时，提供财务回报可能是无益的，但是当人们做出私下决定时，财务回报对于社会企业在募集资金方面可能非常有吸引力。

| 对社会影响债券的另类声音 |

到目前为止，一些读者可能明显感觉不自在了。将金融诱惑的主意引入国家资助的社会项目的做法的确令人怀疑，更不用说慈善融资了。如果要在一句话里同时提及高盛和监狱的话，许多人认为那必然不是由于社会影响债券而是由其他原因所引起的。剧作家安德烈斯•勒斯特加滕（Anders Lustgarten）已经使社会影响债券成为了剧本《如果你不让我们做梦，我们就不会让你睡觉》里的反派形象，这部剧于 2013 年初在伦敦西区上演，剧中刻画了一种略微改变的社会影响债券变种——“团结债券”（Unity bonds）。“团结债券”成了投机者的目标。投机者基于从类似无家可归和毒瘾等状况的增加中谋取财务回报。

我们无法简单地漠视这样的反乌托邦主义。一些公共服务是不可缺少的：对这些公共服务的提供不能依赖于是否找到了私人投资者或者是否实现了可变现的节约。财务动机容易导致扭曲：可以想象为了带来更好的结果，社会企业会聚焦于一些相对容易的案例，或者为了达到目标甚至将那些确实需要被国家照顾的处于风险的儿童留在他们的家庭中。这就是为什么拥有清晰的数据和对社会影响债券进行独立监督是如此地重要。

| 社会影响债券创新对解决社会问题的作用 |

但是，任何担心都为时过早。本书第 2 章展示了当主流金融选择一种产品并发展这种产品时，麻烦是如何开始酝酿的。社会影响债券在它们的生命之初是合适的。使市场起飞需要时间：工具必须变得标准化；市场必须深化；必须有开发合约、价格和参与者的一整套的基础设施。罗纳德爵士在推出第一笔社会影响债券之前不得不埋头苦干了十年。此后所出现的每一种工具都是投资者、提供者、委托者和中介之间的漫长谈判的成果。他们已经花费了数月的时间把这些东西装配好。用行话说，他们忍受了高交易成本之苦。

从社会影响债券目前的状况发展到更广泛的实施，取决于许多事情的正常运转。尚未证实大规模资本的可供性。彼得伯勒债券的投资者愿意承担更多风险的程度高于其他许多投资者，并且政策的变化可以轻易地破坏计划的实施。例如，在 2014 年 4 月，英国保守党政府宣布，那些原本预定要加入彼得伯勒社会影响债券的最后一批犯人，将被纳入一个新的全英缓刑政策中，这个政策会汲取从彼得伯勒实验中获得的教训。

对社会影响债券未来走向的担心，也要求人们进行反事实思考：如果不是这类融资，那么该是哪种呢？国家并不擅长通过创新解决大的社会问题。公共事务服务中不可缺少的项目——尤其是医疗保健服务——正在吞噬比以往更多的资金，挤压可自行决定的基于预防为主的项目资金。社会影响债券永远不会成为解决国家资金萎缩问题的唯一答案，但是社会影响债券是一个值得探索的极有前途的方法。只要问问彼得伯勒监狱的前犯人马丁内兹·萨瑟兰就知道了，到 2014 年夏天，他已经从最初的工作实习转成一家建筑公司的全职员工。他有工作，有住处，为他自己的账单付账，并且热切地将他的转变归功于 One Service。他可能并没有多么在意这个计划是如何融资的，但是他的生活的确因为一次金融创造力而得到了改善。

第 5 章

Smart Money
How High-Stakes Financial Innovation is Reshaping Our World—For the Better

金融创新能让人幸福长寿吗

|金融工程能够治愈癌症吗|

美国麻省理工学院斯隆管理学院座落在波士顿一座时髦的新建筑里。整洁的草地和安静的、铺着地毯的走廊看起来一幅远离华尔街的喧闹和仓促的景象，但是正如我们在本书开篇的章节中所看到的那样，金融的世界和理论的世界长期以来已经交织在了一起。在过去 50 年里，这样的联系被不断加深。数学家们钻研着那些给衍生品定价的模型并管理风险。宽客们为那些运转超快的交易策略算法编程。在 2007—2008 年危机之后的年月里，监管者们对类似流行病学和生态学等学科在金融网络稳定性和相互关联性上的贡献越来越感兴趣。而从主流行业边缘所发出的信号会激发麻省理工学院这些金融学者们的关注点——这些信号有向内移动的习性。

对于在这座建筑六楼工作的这两位学者罗闻全（Andrew Lo）和罗伯特•默顿（Robert Merton）来说，他们所关注的实际上都是生死攸关的事情。罗闻全 50 多岁，为人和蔼，他认为金融可以提高人类在致命疾病中存活的概率。默顿是一位获得过诺贝尔奖的经济学家，也是那个开创了衍生品年代的方程式的创建者之一，他相信金融能够有助于确保退休者享受更长寿的成果。他们两人中的一人想要与癌症较量，而另一个人则想与贫困的老年生活较量。两人都没有对金融的缺陷视而不见，但是两人都坚信金融是解决现实世界问题的力量。

|“适应性市场假说”理论|

罗闻全的目标是提升药品研究的经济效益。半导体行业里的摩尔定律是一个经验法则，声称电脑芯片的能力大约每 18 个月就能提高一倍。医药行业的情况则相反。“倒摩尔定律”（Eroom's law）这个具讽刺意义的名字表达了医药行业一种令人烦恼的趋势：每 10 亿美元的研发支出所能获得美国食品药品监督管理局（FDA）批准的新药数量大致每 9 年就减少一半。医疗突破的放慢对于所有人都很紧要。据估计，从 2000 年至 2009 年期间，导致寿命增长的四分之三原因可以被归因于药品创新。

形成倒摩尔定律的原因是复杂的：对于新药品更为严格的监管审查是部分原因，改善现有产品正变得越来越困难这一事实也是原因之一。但是结果是简单的：投资者对于投资回报减少的行业失去了兴趣。

上市医药公司的股价一直萎靡不振。生物科技行业活跃的风险投资企业数量也在逐渐下降。融资不足在药品开发阶段尤其严重，这个阶段连接基础研究与新药的临床试验。这个“转化”期是指从一种有希望的学术研究进入测试人类应用的早期阶段，在医药行业中被称为“死亡之谷”。罗闻全想要解决的就是药品研发这个风险最高、最缺乏资本的阶段。他的目标是为早期阶段的药品引入数十亿美元的资金。为了吸引大众的兴趣，他和其他人已经构想出了一个令人振奋的主题：“金融工程能够治愈癌症吗？”

罗闻全并不是一位象牙塔里的狂热分子。早在金融危机发生之前，他就对有效市场假说未能解决人类行为的基本问题感到困惑不已。有效市场假说是一位名叫尤金·法玛（Eugene Fama）的芝加哥大学经济学家在 1970 年提出的，法玛在 2013 年与其他科学家共享了诺贝尔经济学家奖。有效市场假说的本质是认为市场是理性的。该假说设想，一只特定证券的市场价格包含了该证券的所有可获得的公开信息，并且人们对这些信息会作出理性的反应。在金融中作出简化假设的愿望是可以理解的——“你能设想如果电子有感觉，物理学会是多么难吗？”物理学家理查德·费曼（Richard Feynman）曾经这样问道。但是这个假定简单到了极致。人类并不总是理性的，市场受到情绪的影响程度跟受到逻辑的影响程度一样大。罗闻全不是完全赞同有效市场假说，而是拥护“适应性市场假说”理论（Adaptive-market hypothesis，AMH）。“适应性市场假说”是接受世界事实上的样子，而不是世界应该是什么样子。

AMH 认为某些市场行为是固有的。进化已经使我们的大脑对恐惧和贪婪等情绪作出程序化的反应。金融市场是这些情绪的完美运动场，是一个专注于波动和风险、输赢的剧场。在一项“大脑的哪些部位会对金钱回报反应活跃”的研究中，志愿者先得到 50 美元的赌注，然后展示了一系列栩栩如生的幸运大轮盘的旋转扇片，其结果要么是增加志愿者的现金，要么是减少。随着回报的积累，研究人员观察到志愿者大脑的部分位置释放了一种名叫多巴胺的化学物质。多巴胺是一种由令人愉快的活动所触发的神经传导介质。对这些研究者而言，这些活动模式中有些看起来很熟悉。随后研究者意识到他们所看到的图像类似于可卡因上瘾者和吗啡首次使用者所展示的。在对金钱的获取与嗑毒品上，大脑似乎有着相同的反应。

正如贪婪，恐惧的情况也同样如此。约翰·科茨（John Coates）是从交易员转型成为神经科学家的，在他撰写的一本有关交易生理学的趣味书中，他考察了睾丸激素和皮质醇对风险偏好和厌恶的影响。对伦敦一个交易大厅员工进行的一项实验显示，交易员唾液中的皮质醇水平在一天中上升高达500%。皮质醇是人在应对压力时所产生的一种荷尔蒙。科茨发现，皮质醇水平的升高与一个名叫“隐含波动”（implied volatility）的金融市场指标直接相关。“隐含波动”是测量不确定性的指标。要记住，这些交易员是专业人士。

所有这些说明，我们的大脑中有关逻辑的、有效的部分并非总是在掌控局面。当金融世界走向崩溃时，人们很难持有一个最佳投资组合。当波动性突然上升时，恐惧也在上升。人们会恐慌，卖出他们认为有风险的资产，奔向较为安全的资产，比如政府债券和现金。罗闻全对这种行为的应对办法是，通过设立类似巡航控制机制来保护投资者的基金。当波动性开始上升时，这些基金就会自动降低它们的持股规模；当波动性进一步减弱时，这些基金开始再度提高它们在权益上的风险头寸。换句话说，这些基金做的是投资者本能地想做的事情，但是它们是平稳地这样做，而不是猛烈地摇晃。

药品开发的“超级基金”

这样的思维模式将罗闻全置于一个有趣的十字路口，他认为金融有做坏事的可能，但也确信金融有做好事的能力。为了成功穿越药品研究中的死亡之谷，他提出建立一只药品开发的“超级基金”，该基金将通过运用金融工程中最受人怀疑的技术之一来筹集高达300亿美元资金，以投资于最具前途的抗癌药物。

构建药品开发超级基金的金融逻辑

那项金融技术就是“证券化”，“证券化”现在通常被理解为引爆全球金融体系的名词，但是对其更为恰当的描述是将碎片化的现金流——比如，按揭贷款和许多个人信用卡付款——集合到一起形成单一的收入流。基于该收入流进行的偿付前景又能被用于从投资者那儿筹集资金，就如同一家公司可以通过发行基于其未来收入来进行偿付的债券来筹集资金。由于金融危机期间按揭贷款支持证券的糟糕表现，使得证券化声名狼藉，但是证券化的基础逻辑是合理的，尤其是证券化分散了投资者的下注而降低了风险方面。

正如我们在本书第 1 章中所看到的，从几千年前的中国商人到 18 世纪的日内瓦银行家，多元化的优势早已为人们所知。但是在 1952 年，它第一次在正式理论中被体现出来，当时芝加哥大学一位年仅 25 岁的研究生哈里·马科维茨（Harry Markowitz）发表了一篇名为《资产组合选择》（*Portfolio Selection*）的论文。马科维茨的理论核心是必须根据一笔投资的出差错的风险来权衡这笔投资的回报，并且这些“风险调整后”的回报可以通过多元化来提高。把你所有的钱都投入单一公司的股票可能带来高回报，但是如果这家公司破产，你将陷入灾难。最好的办法就是将你的钱分散到不同的下注中，不论它们是不是在地理上、行业上或者资产类别上有所不同。证券化是对这一理念的另一应用：通过将许多不同的贷款拉进一只单独的可投资证券中，其所产生的收入流应当变得更加稳定。

罗闻全建立药品开发超级基金的想法运用了同样的逻辑。不同药品会处在不同的开发阶段，从那些尚未进入市场的早期阶段，到那些已经没有专利使用费的后期阶段项目。某些技术甚至可能尚未被开发出来：一个选择是给予许多不同研究型医院中的最好人才一笔经费，以换取获得从实验室中出来的任何结果的 10%。来自这些资产的合并现金流将被给予投资者。罗闻全估计，如果该基金有足够大的药品组合，可以相当肯定其中的一些药品能够取得商业成功。

药品开发超级基金的概念最早是在 2012 年发表的一篇题为《自然生物技术》（*Nature Biotechnology*）的论文中提出的。得到的反应是积极的。罗闻全及其同事已经发表了一篇后续论文，回答了一系列问题；投资银行家在嗅到赚钱的机会面前从来都不会怠慢，2013 年他们参加了一场挤满了听众的超级基金创意研讨会。要筹集数十亿美元的基金需要花上很长时间，但是罗闻全满怀希望地认为一个规模较小的专注于，患病人数少于 20 万的“罕见病”药品开发的概念验证基金，将更为迅速地取得成果。

运用证券化与癌症较量的想法使一些人感到惊愕。这难道不是在按揭贷款繁荣时期创造了那些声名狼藉的充斥着次级贷款的资产抵押证券的金融魔法吗？作为对那些金融工具的效仿，罗闻全及其同事们将计划中的药品超级基金命名为“研究支持凭证”（research-backed obligations）。为什么投资者要对一项导致了这么大损害的技术抱有希望呢？而且，为什么要把目标定到那么大的金额呢？罗闻全不能让自己的日子好过一些，以一只规模小些的、简单一些的基金为目标吗？

对这个问题的回答揭示了为什么金融工程根本存在的一些原因。首先，这些基金之所以需要的规模很大，是因为只有通过将它们的投资分散到许多不同的资产中，投资者才能适度地确信有足够多的成功项目可产生所要求的回报。一种药品处在开发过程中越早，与之相关的不确定性就越大。并且不确定性的规模越大，分散下注就越重要。这也是主张超级基金致力于多种不同的疾病，而不仅仅是聚焦于癌症的原因。但是这样做会带来成本，因为这会使投资者更难评估投资组合。而且因为癌症本身是许多不同疾病的集合，存在着许多不同的潜在疗法，所以其中已经存在了实现分散化的大量空间。

风险与回报组合的关键因素——分散化

如果分散化是提供更容易被接受的风险和回报组合的关键因素，那么罗闻全所提出的超级基金就需要持有大量资产。他是这样表述的：“资产越多，达标的次数就越多。”这也就意味着基金必须能够为这些资产吸引更多的融资资金，同时也意味着他们需要用类似债券的债务工具来吸引投资者。每年流入债券的资金多于流入股票的资金。2013 年美国发行的公司债券几乎达到 1.4 万亿美元；而通过首次公开募股筹集的权益甚至没有超过 1 000 亿美元。

这种分量上的差异部分反映了如下的事实，即投资者认为债券是比权益更安全的投资。就偿付顺序而言，股东们往往处在他们所拥有的公司的后列，但当公司破产时，股东们却处在承担损失的前列。债券持有者则处在偿付队列的前边，包括当公司进入破产程序时。如果你是保守的投资者，你一定会青睐债务。

评级第三方担保与尽职调查

为了吸引债务投资者进入一只由许多风险资产构成的基金，分散化提供了一种使人安心的做法。但是对于那些最为谨慎的人来说这还不够。因此，证券化的其他特色旨在使人们感觉更加安全。尤其是罗闻全提出运用证券化的结构技术在基金内部创设不同的投资者类别。基金资产所产生的现金流将首先被给予优先级的债务持有者，然后才是较低债务档的投资者，最终给予权益投资者。如果出了问题，优先级的债务投资者将拥有对该基金内部资产的第一索求权。在资产结构中处于远高于其他层级所带来的保护会产生另一种影响，即使得优先级债券能够获得信用评级的可能性加大。

评级不仅仅是为投资者，尤其是那些没有资源对每个发行者的财务健康状况进行细致评估的较小投资者，提供第三方分析的一个重要来源，它还是金融体系架构的一部分。在 20 世纪 30 年代（那十年因为危机后监管的大变革而至今都被颂扬）之后，监管者要求美国的银行运用信用评级来评估它们所投资的固定收益产品的信誉度；国际规则仍然运用评级来确定银行必须用多少权益来为其资产融资；投资公司运用信用评级来说明它们可以投资哪些类型的固定收益产品，并且那些最大的资金池——养老基金、主权财富基金等——的投资经常被限定在“投资级证券”，投资级证券具有较高的评级。至此，你应该能明白为什么罗闻全想要尽其所能赢得评级机构的支持了吧？评级机构打开了通向最大规模资金的大门。

为了加强另一层保护，罗闻全也想到让第三方介入并提供担保的可能性，从而如果超级基金的药品未能带来足够的收入，担保机构将弥补缺口。这对于非营利组织和慈善基金会可能是一个适合的角色，它们可以运用担保基金的承诺作为吸引大量私人资本的杠杆。但是担保的麻烦在于担保只有在它可靠的时候才奏效，这意味着担保提供方必须是处在——或者，更确切地说，被认为处在——绝对可靠的财务状况中。正如罗闻全本人所承认的那样，绝对可靠的担保的麻烦在于，它可能抑制投资者去对自己所承担的风险做尽职调查的动机。

罗闻全距离担忧这些问题还很远。癌症超级基金是一个尚处在其生命之初的想法，而不是濒临灭亡的陈旧方法。资产类别必须变得很大，才能对整个金融体系造成影响，在资产类别出问题可能需要纳税人介入时更是如此。他表示，即使投资者确实对过度投机感到不安，那么最好把投资者的动物精神发挥在解决最大的社会问题上，而不是把钱用在购买豪宅上。但与此同时，罗闻全也注意到了证券化的潜在危险。

例如，只有当基金中的所有资产真的没有一起涨跌时——用行话说，如果这些资产彼此“不相关”时——多元化的益处才会发生。把钱放入一篮子权益是将风险分散到了许多不同的公司，但是如果整个股市下跌，那么分散也不会有多大帮助；投资于美国各地的按揭贷款是非常好的主意，除非发生了全国性的衰退。“如果说我们从危机中学到了什么的话，”罗闻全说，“那就是相关性是至关重要的。”

这对于选取哪些疾病研发能够支撑起一只基金来说是有影响的。罗闻全计划做一只规模相对较小的、聚焦于罕见病的概念验证基金是有原因的。这些疾病往往太过少见，以至于投资者对这些疾病本身不感兴趣，但是如果将足够多的这些疾病放在一起，人们的态度就有可能改变。而且，因为罕见病反映的是单独的、随机的基因突变，罕见病之间有相关性的可能性较低：如果一种药品失败了，并不意味着治愈其他疾病的可能性下降。罗闻全对于阿尔茨海默氏病超级基金的前景不那么乐观。因为应对这种疾病的科学还处在初期阶段，现有适合的项目数量太少，不足以确保分散化。

罗闻全也很清楚恰当的尽职调查的重要性。超级基金的投资者将需要恰当地分析所有的风险——从相关性到基金中每种资产成功的统计可能性。让事情更安全是好的——事实上，这是使市场达到真正规模的方法之一。但是正如 AAA 信用评级在按揭贷款危机中所显示的镇静效果那样，把人们哄骗到一种自满的状态并不是什么好事。

| 养老金的金融创新与长寿 |

衍生品市场的幕后推手

在罗闻全向我描述他的超级基金理念时，门口有人探头进来问罗闻全是否想要吃午饭。这个人是罗伯特•默顿，他是衍生品市场爆炸性增长的幕后推手之一，是长期资本管理公司（Long-Term Capital Management）的前总监。长期资本管理公司是一家对冲基金公司，于 1998 年倒闭。但是当你见到默顿时，留给你印象最深的却是他是一位车迷。

他的谈话中无不充满了与汽车业的类比。在谈到可调节利率按揭贷款时，由于这种利率可上下浮动，会使得房主面临偿付款项额突然上浮的风险，默顿将其比作“通用汽车开发了只有一个门的汽车，因为这符合这家汽车公司的需要”。在谈到使银行更为安全的举措时，他担心人们通常以更快的速度驾驶四轮驱动车，因为人们很享受额外安全所带来的舒适。

汽车业是年轻的默顿打算从事的行业，他在哥伦比亚大学学习工程学。但是经济学和金融同样引起了他的兴趣。默顿是在 20 世纪 70 年代出名的，他的研究是与两位年纪比他大的学者——费希尔·布莱克和迈伦·斯科尔斯同时进行的。这三人一起攻克了如何为期权定价的问题。期权是一种金融工具，赋予期权买家买进或卖出一种基础资产的权利，而不是义务。

在布莱克、斯科尔斯和默顿出现之前，如何为期权定价的问题一直没有严密的答案。他们所想出来的答案，现在被称为“布莱克–斯科尔斯方程式”，这是基于这样的理念，即期权的价格应当与为基础资产构建一个完美的对冲的成本相同。布莱克–斯科尔斯公式的问世与交易的计算机化几乎是同时的，这使得对期权的快速定价成为可能，并且为衍生品市场的巨大增长铺平了道路。

在金融创新和衍生品变成脏词的时候，默顿已经能够很自如地回应其所面临的批评了。“当有人问你‘作为一个挥着斧子的杀人犯是什么样子’的问题时，你往往会质疑问题发生的前提。”默顿这样说道。信用违约互换是一种针对违约的保险。事实上，是信用违约互换在这场危机中导致了如此大的麻烦吗？“哦，伙计，这多么令人吃惊啊！”他说，“我们发生了一场信用危机，因此信用违约互换必然遇到麻烦。这就好比说在桑迪飓风（这场飓风在 2012 年袭击了纽约以及美国东海岸的其他城市）之后，财产保险公司会遇到麻烦。”

人类长寿所带来的问题

目前默顿最着迷的问题正好与罗闻全的超级基金理念相辅相成。罗闻全想提高人们活得更长的概率，而默顿想要提高人们在长寿时活得更好的概率。在富裕世界面临的所有问题中，人类的长寿可以说是其中最大的问题。在 1960 年至 2010 年期间，富裕国家 65 岁的男性人口预期寿命上升了大约 4 岁，65 岁的女性人口预期寿命上升了 5 岁多。今天 65 岁的美国人可以预期再活上 19.2 年，高于 1980 年的 16.4 年。这听起来可能不是一个巨大的变化，但其带来的影响却是巨大的，因为富裕国家的人口结构正在发生改变。在美国，1946 年至 1964 年期间出生的战后“婴儿潮”一代，如今正步入退休。美国人口普查局（US Census Bureau）估计“婴儿潮”一代的人口数量为 7 820 万人，而这些人现在正以每天 1 万人的速度退休。

因为最老的年龄段人口基数较低，所以人数增长最快。保险精算师喜欢谈论直角化（Rectangularization）以描述社会人口动态统计的变化。“直角化”这个术语指的是图 5—1 上的一条曲线的形状，这张图展示的是某一年出生的人口在达到某个年龄之后仍然存活的比例。如果人们死亡的年龄均匀地分隔，那图 5—1 上的这条线应该是一条向下倾斜的对角线。但随着我们中更多的人活到高龄才身故，这条线就会变得越来越趋于直角。而图 5—1 中自 1851 年以来英国人口变化的寿命曲线说明了这种现象。在 1851 年出生的英国人中，有一半的人在 40 多岁之前死去，只有四分之一的人过了 70 岁生日；相比之下，在 2011 年出生的英国人中，预计有 84% 的人能够达到 70 岁。

更多的老人意味着在养老金、社会关怀以及在医疗保健上的更多支出。在一项 2012 年的分析中，国际货币基金组织（International Monetary Fund，IMF）试图估算出老年人口的养老金成本。IMF 运用了“替代率”这一概念，替代率指的是养老金领取者如果在退休后与退休前保持同样的生活水平，那么所需要的养老金相当于其退休前收入的比例。如果你把减税的好处和储蓄需求下降的因素考虑在内，那么养老金领取者获得相当于其工作时收入的 60% ~ 80% 就可以了。假设替代率为 60%，运用联合国对 2010 年至 2050 年期间预期寿命增长的预计，IMF 估计在这段时间里，老年人的养老金总成本将会大致翻番。估计在这整个 40 年里，老龄化带来的成本增加对于富裕经济体来说，相当于其 2010 年 GDP 的 100%，对于新兴经济体来说，相当于这一规模的一半。并且这个数字仅仅是养老金成本，并不包括长期照顾和医疗保健的成本。

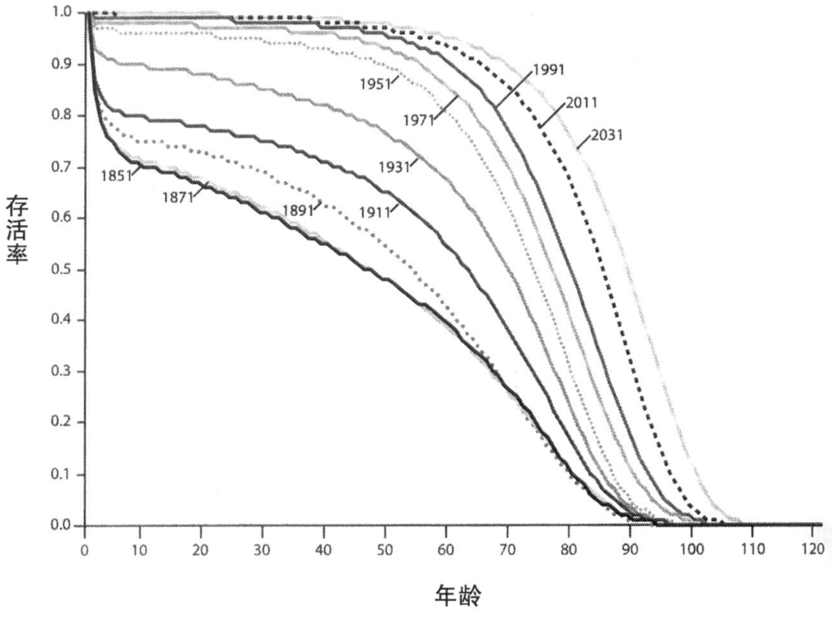

图 5—1 按出生年份计，英格兰和威尔士的人口中在每个年龄段上的存活率（基于精算或预测的死亡率）

资料来源：英国国家统计局。

这些黯淡的估计还只是基于当前对于寿命期望值提高的预测。但如果人们活得要比预测的长会怎么样呢？这种情况并不出人意料。保险精算预测记录一直都是持续低估：一项对美国、澳大利亚、加拿大、日本和新西兰的人口寿命的 20 年预计调查显示，这些预计往往平均低估了 3 年。对于个人来说，这些额外的岁月值得庆贺；对社会来说，这些额外的岁月则意味着老龄化的账单还在上升。那些偿付年金的保险公司必须更长时间地付款；那些固定福利（defined-benefit）养老金计划也必须如此，固定福利养老金计划要求雇主在退休雇员的有生之年支付雇员相对于其在退休前最后工资的一个固定比例。IMF 的 2012 年分析预估了这种“长寿风险”。如果每个人的寿命比现在预期的多 3 岁的话，那么截至 2050 年，单单就养老金成本一项，就有可能（还要）再增加 GDP 的 50%。

传统上照顾老年人的负担是由当前一代的纳税人提供资金，当有足够多的年轻人支付时这还能维系。但问题是，随着出生率的下降，人口金字塔正在逐渐被倒转。人口学家运用术语“儿童峰值”（peak child）来描述他们预期全球每年出生的儿童数量已经达到了其顶峰。在 1950 年，儿童（15 岁及以下）占据发达世界总人口的 27%，60 岁以上人口只占 12%。到 2013 年，这些比例已经几乎反过来了——老年人占据总人口的 23%，儿童占据 16%。其结果是，更少的青年人来赡养更多的老年亲属。1950 年在富裕世界的国家里，每有 1 名 65 岁及以上年龄的老人，就有 7.2 名年龄在 20 ~ 64 岁的人供养。到 2000 年代初，这一比率已经降至 4.1∶1，截至 2050 年，赡养每位养老金领取者的负担将落在平均 2 个人的身上。

把所有这些数字放在一起，它们是不合情理的。人活得越来越长，人口在不断老化。为退休者的“黄金年龄”提供生计的成本也在随之高涨，并且没有足够多的年轻人来支撑这些负担。

政策制定者们已经在小心翼翼地做出改变以应对这个问题。一个显而易见的选择就是让人们工作得更长。退休年龄在一个又一个的国家正在逐步延长：在经济合作与发展组织（OECD）的 34 个成员国中的大部分国家里，正在提高退休年龄或者计划提高退休年龄。但是迄今为止的改变是不够的。在 OECD 成员国中，预计只有 6 个国家的男性退休年龄和 10 个国家的女性退休年龄的提高幅度与人口预期寿命的提高保持同步。只有少数国家，例如丹麦和意大利，正式将退休年龄与预期寿命的变化挂钩。

政府在其所提供的养老金收益方面也变得不那么慷慨了，而是更多地强调私人养老金。与此同时，私人养老金的提供正在被挤压。固定福利计划或离职前薪水退休金计划正在消失，因为雇主回避这种在某些情况下会阻碍其实际业务发展的义务。未来的私人养老金提供将是固定出资（defined-contribution）计划，在固定出资计划中，雇主和劳动者个人将资金放到一个养老金基金中，个人以最终可获取的金额而谋生。

固定出资市场在美国尤其发展得很好，但问题是人们储蓄的数量仍然不够。社会保障（美国的联邦政府养老金体系）提供了一个典型家庭收入的大约35%的替代比例，但是这仍然留下了一个很大的缺口需要填补。一般的美国家庭几乎没有为这个目的存下任何东西。一份2013年的分析估计，美国所有劳动年龄家庭（也就是说，不仅仅是那些有退休账户的家庭）的退休储蓄中位数金额是3 000美元，那些接近退休年龄家庭的退休储蓄中位数是1.2万美元。这些钱负担一次盛大的度假尚可，但要负担今后数十年的晚年生活显然就是杯水车薪。

人们对养老金基金全面短缺的恶果具体的应验时间看法并不一致。在底特律，人口数量的萎缩意味着为福利提供资金的税基萎缩，很明显这种经济是行不通的。但总的来说，这不是一个悬崖般的问题，好比人们突然花光了钱那样。家庭已经储蓄的钱能够维持一段时间，尤其是如果家庭可以工作更长时间（受过教育的劳动者将更多获得这种选择）的话。“当父母发现他们的生活水平在下降，并且他们的孩子也发现时，这将变成一个大问题。”波士顿大学退休研究中心的艾丽西娅•穆奈尔（Alicia Munnell）预计道。

智巢项目

默顿认为，随着固定福利计划的消退以及人们领悟到自己的固定出资养老金基金的缺口程度时，他将找到更多的人接受他的一项名为“智巢”（SmartNest）的创见。智巢是默顿设计的一个退休计划工具，他在 2009 年将其出售给一家名叫 Dimensional Fund Advisors 的资产管理机构。智巢可用于企业员工的固定出资计划，智巢运用从行为暗示到复杂的对冲技术在内的一切手段，来试图实现退休后体面的生活水平。默顿的起点基于替代率的理念。智巢会计算出满足养老金领取者在退休后的余生保持与退休前同样的生活水平，并且不必担心通货膨胀的影响下，养老金领取者需要的退休金应需达到退休前收入的百分比。因为智巢这一产品旨在实现一个收入流，而不是一笔钱，其目标是确保一个人在退休时有足够的现金，以便能够购买一笔年金，靠这笔年金产生所期望的现金流。

当这个产品预计一个人将达不到他或她所期望的退休收入时，它就不再给予这个人做投资决策的选择权。决定投资于股市还是债券不是大部分人感觉可以胜任的事情，并且无论如何做出这种决定只是实现一个目标的手段。“这跟理解汽车的发动机如何工作是一样的，”默顿说，话题回到他心爱的汽车上，“尽管这很重要，但是对于大部分司机来说是没有意义的。”

相反，智巢项目的用户有三个非技术杠杆选项可以使用：他们可以每月将薪水中的更多部分转向储蓄来节约更多的钱；他们可以改变假设的退休日期并工作更长的时间；或者他们可以改变退休生活中所需要收入水平的最低值——低于要维持他们工作生活水平所需要的资金额，但仍足以继续生活。智巢项目加总了人们所能依赖的收入流，诸如社会保障付款以及任何累计的固定福利养老金权益，并持有一个真正保守的资产组合——诸如政府债券等——以实现一个确定的最低金额。一个人提出的最低收入水平越高，这个人就需要把更多的储蓄投入到这些保守的资产上，将更少的储蓄投入到诸如权益等有潜力实现较高收入的高风险资产。提升最低门槛意味着在背后对投资分配的改变，即更多的保守资产和更少的风险资产。因此如果智巢的一个储蓄者偏离了其在退休时所期望达到的收入水平的轨道，那他还拥有放弃最低收入目标这一选项。这三项选择的好处是阐明了解决养老金紧缩的严酷逻辑：储蓄更多，工作更长时间，或承担更多风险。

从个人未来养老金出资流到资产组合的假定回报，智巢项目一直在背后努力地计算着各种类型的数字，以便提交出对退休收入的预估。智巢项目也运用更为复杂的技术来对冲员工的风险。通货膨胀保值国债用于防范收入低于最低收入目标的情况发生。通过出售投资组合中的那些股票买入期权，而这些买入期权给予买家以协议价购买特定股票的权利的，该计划放弃了实现显著回报的机会，而换取了一笔不错的现金。事实上，默顿在运用金融工程将固定出资计划变成某种看起来更像固定福利计划的东西，在这种情况下，回报既不会低于最低收入目标，也不会超过所期望的水平。

默顿的创见是非常有趣的，这不仅是因为他试图运用一些目前被广泛妖魔化的衍生品来应对一个巨大的社会问题，还因为他有意利用而不是违背人类行为的特性。默顿将这个产品描述为有点儿像一次常规的体检，这款产品会向正值劳动年龄的储蓄者发送警报，告诉他们距离自己所期望的收入目标有多远。这是有意识地去满足这些普通人的需要，而他们从未认真地参与过为退休做计划的过程，他们渴望被给予有意义的选择权。其他公司也在采用简单的手段来促使人们关注自己预计可获得的收入。贝莱德已推出了一个名叫 CoRI 的指数，该指数旨在为 55 岁到 64 岁的人提供就他们目前的收入水平所能为他们带来的退休收入进行快速评估。

|经济人与智人|

在强调人们实际上是如何考虑他们的财务方面，默顿重复了罗闻全的立场。2007—2008 年的金融危机大大推动了被称为“行为金融学”思想学派的发展。行为金融学旨在利用两类人之间的差距。其中一类人是经济人（Homo economicus），经济人是一种理想化的人，其选择完全为理性的计算所驱动，这些人居住在学术模型里。另一类人是智人（Homo sapiens），智人是我们更为熟悉的人，其决策不那么理性，他们生活在真实的世界里。在生活中，这两种人之间的距离莫大于对金钱的安排，而在金融图景里，这两者之间的差距莫大于对退休储蓄的安排。

经济人会尽可能早地开始为退休储蓄，他们省下钱以便利用“复利”魔法大显身手。假设平均年利率为 5%，一个 40 岁的人如果每年节省 1 万美元，那么到他 70 岁时他将积累 70 万美元。如果从 30 岁就开始储蓄，那么要积攒同样这么多的钱，他只需要每年省下 4 500 美元。

相反，现代人觉得养老金的话题令人困惑且很乏味。只有 46% 的美国人报告他们或者他们的配偶曾经计算过为了退休后的舒适生活，到他们停止工作时需要储蓄多少钱。人们为退休做计划的倾向往往受到个人所处环境的严重影响，而不是冷静地去分析。如果你有一位年长的哥哥或姐姐，你更有可能为退休做计划；如果你年长的哥哥或姐姐处在比你糟糕的财务状况下，这种可能性会进一步提高。那些父母遭遇健康问题或者在身故前生活在养老院的人更有可能想到退休的事情。

非理性折现

推迟做事的诱惑被经济学家们时髦地称为“非理性折现”（hyperbolic

discounting）。非理性折现的基本意思是人们的短期行为不符合他们的长期目标。当涉及吃得更健康、戒烟或者寻找一项更能实现个人抱负的工作时，“未来的你”清楚什么是值得要的。但是“当前的你”并不会去想未来的来临。

在一项几乎必然唤醒自我认识、对非理性折现的旧有但有趣的研究中，研究者让人们选择要租的电影。电影名单被分为诸如《蓝》（*Blue*）、《大红灯笼高高挂》和《钢琴别恋》（*The Piano*）等高雅电影，以及诸如《偷天情缘》（*Groundhog Day*）、《变相怪杰》（*The Mask*）和《蜜月危险期》（*So I Married an Axe Murderer*）等低俗电影。参与者必须选择当晚要租的电影片名以及在未来两晚要租的电影片名。自然而然地，三天中最远的那个日子选择高雅电影的比例最高；低俗电影在当晚要看的影片中受欢迎的程度要高很多。你知道你应该观看《林肯》（*Lincoln*），但是最后关头，你终究还是选了《百货战警》（*Paul Blart*：*Mall Cop*）。养老金同样如此。人人都知道应当储蓄，但当需要在今天消费与为明天而储蓄之间做出价值选择时，人们总是选择了恶习，远离了美德。

在这种行为问题背后隐藏着另一个问题：缺乏金融素养。自 1992 年以来，密歇根大学健康和退休研究（Health and Retirement Study）每隔两年调查一个由超过 2.6 万名 50 岁以上的美国人组成的代表性样本。在调查所提出的问题中有以下三个有意安排的简单问题。

- 设想你在一个储蓄账户有 100 美元，年利率是 2%。如果你把这笔钱留在那里任其增长，那么你认为 5 年后你在这个账户里有多少钱：超过 102 美元，正好 102 美元，少于 102 美元？
- 设想你的储蓄账户的年利率是 1%，通货膨胀是 2%。一年以后，你用这个账户里的钱所能购买的东西是比现在多，与现在正好相同，还是比现在少？
- 你认为以下的表述是正确的还是错误的？“购买单独一家公司的股票通常可提供比购买股票共同基金更安全的回报”。

三分之二的受访者正确地回答了第一个问题，即有关福利的问题。这个结果或许不太糟糕，只是他们是年过 50 岁的人——他们对金融数学的理解已经大体上决定了他们实现体面退休生活方式的概率。四分之三的受访者正确地回答了有关通货膨胀的问题。只有一半的受访者正确地回答了有关投资分散化的问题。只有三分之一的人答对了全部三个问题。考虑到养老金提供的责任正在不可阻挡地传递给个人，这些数字应该值得关切。

养老金设计背后的行为金融学

养老金的问题在设计之初几乎是完美地利用了智人的所有弱点。行为金融学给予了暗示。以金融为目的的行为理论最伟大的应用莫过于在私人养老金计划中运用“自动注册”。自动注册意味着雇员在加入计划时不需要额外付出努力，但在退出计划时则需要，这样做利用了人们犹豫不决而非果断的倾向。结果，那些从未腾出时间现在就储蓄的人，也从未找出时间选择退出。那些运用了自动注册的美国公司报告了 401（k）退休计划平均参与度的大幅跳升：那些在一家公司已经工作一年的雇员参与度提高了近 60 个百分点。英国在 2012 年引入了自动注册机制，此后在该体系下有超过 100 万名劳动者已经加入了职业计划。

不过，这里存在着一个圈套。惰性意味着那些已经自动选择加入养老金计划的人们也往往保持着默认的储蓄率。多数美国公司将这个默认的储蓄率定为薪水的 3% 或更低，这低于雇员在自愿注册时所做出的选择。因此，行为学家不得不用另一种名叫“自动升级”的聪明技术来予以回击，“自动升级”有选择加入的特色，每当雇员获得加薪时，就会自动提高雇员的储蓄率，直至达到允许出资的最高水平。

通过将出资增加与薪酬提高同步，这种“明天储蓄更多”的选项也规避了人类另一种弱点——“损失厌恶”，它意味着人们对所失看得比所得更重。损失厌恶似乎有着非常深的神经学根源。在2005年的一项研究中，来自耶鲁大学的三位学者向一群僧帽猴介绍了金钱的概念。他们首先训练这些猴子理解它们可以用一个辅币换取食物。在掌握了其目的之后，一些熟悉的行为模式出现了。猴子们对价格信号会作出相应的反应，当某种食品的相对价格下降时，猴子们购买这种食品的数量高于购买另一种食品的数量。一只猴子走向犯罪，试图偷走满满一盘子的辅币，而另一只猴子则被看到运用辅币购买性交易。

与我们的目的更为相关的是，当所提供的食物被以不同的方式展示时，猴子们也会作出完全不同的反应。例如，一位研究者向猴子们展示了一片食物，然后把这片食物交出来以换取一个辅币，另一位研究者先向猴子们展示两片食物，然后总是在交换辅币情况发生时拿走其中一片食物，相对于后一位研究者，猴子们显示出了对前一位研究者的明显偏好。这个实验以及其他实验使研究者们确信，像人类一样，猴子将所失比对所得看得更重。

猴子们尚未进化到足以发明养老金，但是如果猴子们真的发明了养老金，那“明天储蓄更多”计划将为其带来帮助。因为当出资上升时，实得的报酬并没有下降，因此人们感觉不到收入的损失，人们更加高兴地继续储蓄。“自动升级”是由什洛莫•伯纳吉（Shlomo Benartzi）和理查德•泰勒（Richard Thaler）等两位行为学家开发的，这一计划的首次应用，促使一家制造商的员工在短短三年半内，将他们出资率从薪水的3.5%提高到了13.6%。目前美国超过一半的大公司提供这一选择。

有这些令人鼓舞的例子为基础，一个致力于行为提示和鼓动的微型行业正在迅速成长。学者和机构在忙着进行一些实验，这些实验梳理了潜意识的暗示对储蓄的影响。在一个这样的例子中，美国一家大型科技公司的雇员收到了研究者发来的电子邮件。其中对照组收到的电子邮件提醒他们注意401（k）退休计划中的匹配缴费规则（根据这个规则，雇主缴纳的金额与雇员的缴费相匹配），并告诉他们在该年已经向该计划投入的金额。在此例中的实验对象收到的电子邮件中则包括了额外的句子，这些句子旨在作为储蓄暗示。

这里的想法是测试另一种大的行为怪癖：面对任意的数字或者“锚”时，可能对人造成的影响。这种效应最初是由阿莫斯•特沃斯基（Amos Tversky）和丹尼尔•卡尼曼（Daniel Kahneman）正式确认的，这两位心理学家对人类决策的研究为行为经济学领域奠定了基础。在 1974 年的一个实验中，他们控制了一个轮盘，使其停在数字“10”或者“65”上，然后请人们估计非洲国家在联合国中所占的比例。被试们被要求首先表明轮盘停在的数字是高于还是低于他们对非洲国家在联合国中所占比例的估计，然后给出他们自己的估计。轮盘停在的数字发挥了锚的作用，显著影响了人们的猜测：对于半数的参与者，轮盘停在 10，于是他们的中值估计是非洲国家在联合国中所占的比例是 25%；对于另一半参与者，轮盘停在 65。他们的中值估计是 45%。

上述 401（k）实验的研究者想测试这种锚定效应是否可被用于影响雇员退休计划的储蓄率。一些收件人收到的电子邮件中包含如下额外的句子：“例如，你可以提高出资率到你收入的 A%，并且你有资格获得更多的公司匹配资金（A% 只是个例子，不应当被理解为对你合适的出资增幅的建议）。”

员工们被随机分配了不同数值的“A%”，从 1% 到 20% 不等。在其他电子邮件中，员工被给予了不同的暗示，诸如举例说当年的储蓄目标是 7 000 美元和 1.1 万美元。这些数字的出现确实对随后的行为带来了影响。低储蓄的暗示实际上降低了出资率，最高降幅达到收入的 1.4%；高储蓄的暗示提高了出资率，提高幅度最高达到收入的 2.9%。于是，政策制定者和金融提供者都有空间运用这种类型的引导绳来系统地影响储蓄行为。

|关于养老的金融创新|

像罗伯特·默顿和这些行为学家们的理念，与法定的和实际的退休年龄的变化结合在一起，能够帮助年轻的劳动者在退休之前有时间建立一个储蓄罐，或者让复利发挥作用。但是那些已经接近退休的人该怎么办呢？老年劳动者要搞清楚的不是积累，而是“去积累”（decumulation），在退休中消耗储蓄。这不是容易的事情。消费太多的话，你可能会在你身故之前很久就用光了储蓄。消费太少的话，你的黄金退休年代将会失去光泽。那些思考行业未来的专业人士想知道为婴儿潮一代建立“老人银行”的潜力有多大，这个银行的服务将明确地基于预算、对储蓄有管理的支取等。

与此同时，年金无疑是解决未知何时身故问题的明显答案，但是年金有其缺陷。如果养老金储蓄规模较小的话，那么年金就可能只实现微薄的现金流；固定年金也不能防范通胀的问题；并且损失厌恶意味着人们憎恶由于自身去世较早而输给年金提供者。

另一种选择是从老年人实际拥有的资产中挤出更多的“果汁”。老年人最大的资产可能是他们的房子。在 2009 年美国年龄在 62 岁及以上的房主中，有一半人的资产至少有 55% 的净值是与房屋权益有关。对于退休者而言，变现这笔投资最显而易见的方式是卖房子，然后或租房子住，或“缩减规模”购买一所较小的房子。“缩减规模”的影响是将面积较大的房产释放到市场，供应下一代人，以及将权益释放出来投资于流动性高的金融资产。美国退休者协会公共政策研究所（AARP Public Policy Institute）报告，50 岁以上的美国人中有 80% 是房主，年龄在 50 岁至 64 岁之间的人中有超过 80% 的人拥有房产权益。尽管经历了住宅市场的崩盘，但 2010 年，55 岁至 64 岁家庭的房产权益中值金额为 10 万美元；65 岁及以上的为 13.5 万美元。一旦搬进小一点的房子，打理起来也会便宜很多。一项分析显示，英国一位退休者或者一对退休夫妇在卖掉三居室的房子，买下一套两居室的房子后，通常能通过物业账单、地方税以及维护和修理成本等费用的减少而节省 1 530 英镑（2 375 美元）。

然而在实践中，“缩减规模”涉及交易成本，这等同于浪费了退休收入。那些愿意搬到相对廉价地区的人能够在生活水平方面获得真正大的提高，但是一项有关美国老年人搬家的研究发现，这些搬家中近乎 60% 是近距离，不到 20 英里。并且上述这些讨论都还没有涉及一个简单的情感问题，即人们是否愿意离开他们的家庭住宅。

反向抵押贷款

对一些人来说，金融提供了另一个答案：反向抵押贷款（reverse mortgage）。像金融业的许多方面一样，反向按揭贷款产品的历史短暂，名声好坏参半，但其未来前景却是非常重要的。反向按揭贷款的理念是房主将他们的房产权益变现。例如，你的房子价值 20 万美元，通过取得反向按揭贷款，你可以从放款者手中获得一笔接近 20 万美元的贷款，你可以继续住在这所房子里，你不必偿还贷款的本息，直到这所房子被出售或者当你身故的时候。来自这笔交易的收入被用来偿付本金和应计利息。这个产品是提供给那些没有足够资金来维持现有生活方式的人，如果你把他们的流动性强和流动性差的资产都计算在内的话。

反向按揭贷款听起来似乎对解决富裕国家退休危机而言，是一个很好的产品。如果房价上涨，房主可以卖房或者再融资并以这种方式获得额外的权益。如果房价下跌，意味着卖房不足以筹集足够多的钱来偿还贷款，那么这就不是房主的问题了。对于投资者来说，其所面临的风险是人们的实际寿命大大高于预期，以至于按计划该回报时，他们却收不回应得的钱，以及与此同时房价已经下跌，那么他们所获得的会低于他们的放贷金额。在美国，这对于政府来说是一个真正的风险。美国还没有遇到一种住房融资工具政府不想提供补贴的，对于不超过 62.5 万美元的房屋贷款额，美国政府向放款者提供房屋损失保险（对那些想获取更多房产权益的房主而言，有关创立私有化市场的举措正在进行之中）。美国消费者金融保护局在 2012 年提交给美国国会有关反向按揭贷款的报告中断定，反向按揭贷款“将在未来数十年中有潜力成为金融图景中一个日趋重要的部分”。

然而，反向按揭贷款有一些大的障碍需要克服。反向按揭贷款发行量在 2007—2008 年危机后显著下降：大约 5.5 万美国人在 2012 年获得了反向按揭贷款，不到 2009 年的一半。由于资本的限制导致银行从这个市场退出，这不仅从某些方面反映了银行监管环境的变化，也反映了与该产品有关的声誉风险，该产品遭受了一些严重的公关灾难。在不止一起案例中，由于房子的所有权仅属于夫妇中的一人，当这位所有权人身故后，其配偶被撵出了房子。“银行将小老太踢出房子”这类的新闻标题是任何老板都会提心吊胆的。

另外，这还存在一个不那么明显的问题：子女们。行业内人表示，问题常常是子女们不想看到他们本应合法继承的财产——家庭住宅，被转给一家金融机构。回到麻省理工学院，罗伯特·默顿的脑子在飞快地转着，他认为可以将该产品进行调整以满足那些需要：“要是你有这样的一种反向按揭贷款，其价值的一部分立即支付给子女，这可能也是他们最需要钱的时候，会怎样？你甚至可以给子女们有关这所房子的买入期权（购买的权利），假如房价已经大幅上升的话。”

寿险保单贴现

如果房子不是老年人能够变现的唯一资产，那他们自己也可以将之货币化。寿险保单贴现行业使得寿险保单持有者能够以超过“退保解约值”的金额将他们的保单出售给投资者。“退保解约值”是当你自动解除保单时能从保险公司拿回的金额。投资者接收这笔保单，继续支付保费，并在最初投保人身故时领取付款。

在当今的寿险保单贴现（life settlement）行业中，最近的先驱是“保单贴现”（viatical settlement），它是于 20 世纪 80 年代为应对艾滋病的流行而出现的行业。“保单贴现”一词来自拉丁语“临终的圣餐”（viaticum），指的是在人临死前所吃的圣餐。保单贴现的理念是使得那些寿命预期非常有限的人能够出售他们的保单以便筹集现金用于医疗费用和临终关怀。例如，艾滋病治疗技术的进步带来了患者预期寿命的显著改善，这项特殊的资产就丧失了吸引力，从而也证明了为什么这个投资领域会让人如此不安。

随着婴儿潮一代需求的增长以及公共财政面临负担的恶化，寿险保单贴现行业正在引起政策制定者的兴趣。2013 年，得克萨斯州共和党州长里克 • 佩里（Rick Perry）签署一项法案，允许寿险投保人出售他们的保单以偿付其长期护理费用，而不牺牲他们获得医疗补助（Medicaid）的权利。该法案给予消费者一种获得更多资金的方式，与此同时，那些提供长期护理的服务商可以通过采用时间更长的私人付款费率获得更多的老年客户，而得克萨斯州政府也可以从老年人使用私人服务商的服务中节省开支。其他州正在考虑实施同样的法案。

但是，寿险保单贴现行业也证实了金融最坏的部分。投资者们似乎并不满足用我们的生计下注，现在又拿我们的生命打赌。这唤起了一些人曾有的担忧。“投保利益”这一概念广义是指，如果投保持有人从被保事物的持续存在中受益，那么保单就是有效的。如果没有这项要求的话，那人们就有可能用其他人的生命和财产去投保，并从其他人的死亡或财产的损坏中受益（一直伴随着所谓的“裸信用违约互换”的恰恰是这样的担忧，在“裸信用违约互换”中，人们可以购买对一家公司的违约保险，而不必实际拥有该公司的债务）。

这样的投机常见于18世纪的英国，当时公众人物常被用作保单的标的，其中一位是约翰•宾上将（Admiral John Byng）。1756年，他在米诺卡岛未能英勇地与法国船队交战，因此成为英国唯一被处死的上将。1757年在他的旗舰甲板上，宾上将被行刑队开枪打死，宾上将的死导致一场激烈的争议：他的后裔仍然请求在他死后宽恕他。其他人对这个事件却持冷静的商业观点：随着军事法庭对他审判的进行，以及人们对他生存概率看法的起起落落，人们便开始以这位上将的生命投保，而他们准备支付的保费也在不断变化。

在《就生命下注》（*Betting on Lives*）中，杰弗里•威尔逊•克拉克（Geoffrey Wilson Clark）描述了发生在1765年的一起更令人厌恶的事件，当时逃难到伦敦东部古德曼领地（Goodman's Fields）的八百多名贫困的德国难民开始死于饥饿。如果在今天，可能会有慈善机构站出来呼吁，但在当时，投机者却对在未来特定日期存活的德国人人数进行下注。

当然，有时候，就其他人的寿命下注并不划算。历史上已确认的最长寿的人是法国女性让娜•卡尔芒特（Jeanne Calment），她生于1875年，去世于1997年，活了122岁零164天。1965年，卡尔芒特在她90岁高龄时同意将她的公寓出售给她的律师安德鲁–弗朗索瓦•拉夫雷（Andre-Francois Raffray）。拉夫雷当时47岁，正当盛年，他不是一次性付款给卡尔芒特，而是每月付款2 500法郎直至她身故。对于拉夫雷来说这听上去无疑是一个好赌注，但是当白纸黑字签下合同时，拉夫雷却签下了是史上最糟糕的合同之一。当30年后拉夫雷死于癌症时，他仍然要付款，当时卡尔芒特120岁，仍然健在。

每当把金融产品出售给老年人时，人们都有理由担心误导性销售和欺诈的风险。事实上，一些创业者已经在尝试开发明确地应对老年人认知恶化问题的产品。例如，加利福尼亚州的一家初创企业——真实链接金融公司（True Link Financial）正在开发一种当预先设定的限额被触发后拒绝提款的借记卡来帮助老年人避免欺诈。

但是寿险保单贴现也是一个好例子，说明了金融是如何经常引起有偏见的反应的。所交易的保单在一些地区已经被戏称为“死亡债券”。在 2009 年的一次美国国会听证会上，宾夕法尼亚州民主党人保罗•坎乔斯基（Paul Kanjorski）这样说过：“机构投资者从一个人的死亡中获益的想法，至少可以说是令人不安的和不道德的。”这样的不安是自然的，但是它是非常有选择性的。如果坎乔斯基发现寿险保单是令人不安的，他应当也不喜欢年金，年金是将一笔养老金储备转换为终生领取的收入。年金也是一种个人与保险公司就死神来临问题进行打赌的产品：如果人们死得比预期早，那么其结果是给保险公司带来财务收益。但是没有人将年金称为“死亡合约”。

这种把不熟悉的事情看成是危险的、把熟悉的事情看成是好的倾向，并不只局限于人寿保险上。对高频交易集结的憎恶，对旧日股票市场交易的怀念，就是一个例子。但是长寿问题的规模意味着无为行动路线所带来的风险比尝试新创意要大得多。像默顿和罗闻全这样的人深知金融实验的风险。“创新确实能提高危机的风险：任何成功的创新都将领先于支持它的基础设施。”默顿说。重要的问题是这种权衡是否值得。随着医疗研究融资模式的日益减弱，以及接近退休却缺乏充足储蓄的人越来越多，希望能够安逸地度过退休时光，那答案显然是青睐于创造性，而非小心翼翼的。

第 6 章

Smart Money
How High-Stakes Financial Innovation is Reshaping Our World—For the Better

权益与实现梦想的许可证

|初创企业的融资难题|

当你访问初创公司的办公室时，通常会看到一些刻意做成的古怪玩意，或看到一些人可能正在以一种漫不经心的、“看看我们多么不像企业”的方式打乒乓球。你甚至会在他们的办公室中发现吊床，植物在需要浇水时会发出鸟鸣声。而在初创企业的世界里，真正标新立异的是会让所有人穿西服并在小隔间里工作。

如果初创企业的环境听起来很程式化的话，那么创业者所做的工作则绝非如此。伟大的技术突破往往发生在新企业中，并且新企业对就业增长作出了极大的贡献。新企业失败的可能性远远高于成熟企业：50%—70% 的初创企业都失败了。但是那些确实存活下来的初创企业的增长速度远远快于它们同类的成熟企业。由经合组织发布的两年一度的科学、技术与行业计分板（Science，Technology，and Industry Scoreboard）显示，在其所关注的所有国家中，年轻的小企业（而不是成熟小企业）显示出了其对于创造就业岗位的不均匀的重要性。

尽管雇员人数在50人以下的年轻企业只代表就业人数的11%，但它却占据了非金融企业所创造的就业机会总数的三分之一还多。对于更为年轻的企业，数字甚至更加引人注目。初创企业仅占据美国总就业人数的3%，但几乎是新增就业岗位总数的20%。

如果政府重视就业，换言之，就应当重视如何培育新公司。而金融是应对这一挑战的基础。为未被证实的创业企业融资就其本质而言，无疑是一项比为成熟企业融资更为艰难的任务，其风险更加大，且投资者能够获得的信息更为稀缺。当涉及为年轻人融资时也存在同样的问题——不论是有着创业雄心的年轻毕业生，还是仅仅需要凑足钱让自己上完大学的学生。金融对为年轻人融资问题的解决会因企业和人而异。但是这些解决方案还尚未达到其应有的效果。

我们从公司开始说起。在2007—2008年金融危机发生的前10年，两个重大的、扭曲的金融事件却解决了为真正年轻的企业融资的问题。第一个事件是互联网繁荣，当时对网络初创企业的狂热导致大量的权益流入那些根本没有商业意义的企业中。当时一家初创企业比一家有着真正资产的、经营多年的企业更容易找到资金。

第二个大的扭曲事件是，2000年代中期的住宅市场繁荣使得许多国家的创业者将他们最大的资产——他们的房子——变现。放款者预计房价将持续上涨，他们在提供信贷时准备运用房地产作为担保。通过将住房所有权数据与房价冲击数据相结合，研究显示了对于拥有住房的法国创业者来说，如果他们的房子升值更快，那么他们就能够更快地扩展业务。而另一项研究则关注了危机前的美国，它发现相比房价没有上涨的地区，房价上涨地区的小企业创立数目以及在员工少于10名的企业工作的总人数都有显著大幅增长。住房无疑为整个经济运行的车轮增添了润滑剂。

这两大扭曲事件都发生在过去。权益市场仍然会时不时掀起一阵阵对技术公司极度狂热的倾向，但是这一点儿都不像网络泡沫的年代。至于用房子为新企业融资担保，由于房价已经下跌，银行已经变得更为谨慎，再加上放款者的第二留置权所面临的问题已变得更加清晰，这条渠道现在不那么畅通了。

| 创业融资的解决之道：风投 |

正如我们将在第 7 章要讨论的那样，新的“个体网络借贷”（peer-to-peer）平台将放款者与借款者直接联系起来，此类平台正在涌现出向小企业放款的趋势。但是对于真正的新公司——那些尚未开始产生收入或者处在成长非常早期的阶段——债务不是答案。初创企业往往不热衷于承担偿付债务的责任。偿付债务的利息意味着对该企业现金流的持续消耗，而现金是宝贵的。权益意味着牺牲企业未来的一些利润，以及潜在的控制权，但是它也将风险丢给了投资者。同样地，投资者也可能会青睐初创企业的权益。如果借给这些企业资金，考虑到初创企业的失败率以及根本无法收回任何资金的可能性，放款者所获得的回报上限只是利息。只有所有权权益才能给予投资者真正取得高额回报的机会，特别是当初创企业有可能变成下一家谷歌时。

然而，双方都需要解决的问题是信息的缺乏。年轻的企业没有太多信息可以分享，也没有许多抵押品可以提供。金融业对这个难题的答案是风险投资，风投行业可追溯到 1946 年美国研究与发展公司（American Research and Development Corporation）的成立，该公司是一个公开交易的基金，旨在募集私人资金投资于第二次世界大战退伍军人运营的企业。风险投资家通过对预期投资进行详尽的调查，解决了信息缺乏的问题。他们是人对人的生意，其中创业者的素质是做出任何投资决定的核心。“天使”投资者采取类似的方法。“天使”投资者都是富有的个人，他们将自己的钱投入初创企业。

在某些方面，风险投资模式效果不错。在 1999 年至 2009 年期间，超过 60% 的“真正”的首次公开募股［也就是说，这些不是分拆，不是业主有限责任合伙（MLP），不是反向杠杆收购，也不是其他各类公司财务魔法］是由风险投资支持的。相对于只有六百分之一的公司是由风险投资支持的，这是一个很好的纪录。即便如此，对经济有好处的事情未必对投资者有好处。与风险投资已经完成的成功案例——世界上像 Facebooks、LinkedIn 和 Twitter 这样的公司——并肩而坐的是太多的失败公司。总体来说，风险投资基金中的有限合伙人表现最糟糕——自 1997 年以来，返还给投资者的现金低于投资者已经投入的现金。

此外，风险投资模式是基于个人关系的，因此有着其内在的局限性。尽管有很多机构的资金流入风险投资，但是在硅谷的创业者找到融资的机会要远高于在北达科他州的创业者。在大西洋对岸的情况甚至更为糟糕：行业的经验法则是，在每轮融资中，年轻的美国公司筹集到的资金是欧洲公司的两倍——并且融资速度也是后者的两倍。风险投资模式还存在其他弊端。风险投资企业投入的资金规模往往高于处在初创早期阶段公司的需要。双方合作一旦开始，来自投资者要求迅速达到财务目标的压力，往往意味着扩张的步伐被迫超出适当的速度。天使投资者是一个更为可能的小额现金来源，但天使投资者并不总是像天使那么可爱。

| 革命性融资手段的最强推动力：众筹 |

众筹平台上的筹资人

大卫•史蒂文斯（David Stevens）和特里萨•史蒂文斯（Teresa Stevens）深

知为一个有希望的商业创意寻找现金所面临的问题。这对来自英格兰南海岸的夫妇在 2011 年创立了海上卫士公司（Guardian Maritime）。他们的客户是国际航运公司，他们试图解决的问题是海盗。尽管近年来船只在索马里海岸附近遭受袭击的数量已经显著下降，但是航运业所面临的全球威胁仍然相当大。国际海事局（International Maritime Bureau）的海盗通报中心（Piracy Reporting Centre）在 2014 年前 10 个月记录了 201 起海盗事件。史蒂文斯夫妇最初设计的产品是一个复杂的产品，凭借该产品，船长和船员可以在船遭受袭击时进入船上的避难室，在那里远程控制这艘船。但是船主们更想要的是首先确保海盗不登上船。

史蒂文斯夫妇在 2012 年想出了下一个解决方案，这个方案远远没有前一个方案那么高科技。“卫士”是一个安装在船只栏杆上的塑料装置，它有一个很大的突出部分能够阻止海盗的抓钩和梯子抓住，使得人几乎无法爬到船上。“卫士”是起作用的，并且每次离港时它们的费用也比那些装着铁丝网的甲板船便宜：史蒂文斯夫妇很快就拥有了近百万英镑的年营业额。

尽管如此，该公司的财富仍然是非常不确定的。史蒂文斯夫妇可能很了解海盗，但是他们的财务决定却是糟糕的。他们承认自己属于试图避免信贷的那代人：当初他们用卖掉房子的资金来创业。这样做破坏了他们的信用分数，在危机之后无论如何在放款上已经小心翼翼的银行都对向他们放款退避三舍。据史蒂文斯夫妇称，一位早期的天使投资人非常廉价地获得了该公司 15% 的股权，但此人更热衷于催促而不是帮忙。由于需要现金偿付供应商，这对夫妇 2013 年底面临着在关张的前景。在绝望中，史蒂文斯先生在互联网上搜索融资选择，偶然发现了一个他此前从未听到的名字：Crowdcube。

Crowdcube 是互联网上的一个股权众筹网站，该平台使得初创企业能够在互联网上向投资者出售股份。在 2013 年秋天，史蒂文斯夫妇决定尝试一下，最终在短短 5 天中从 60 位新股东手中筹集了超过 10 万英镑的资金。受益于即将上映的汤姆•汉克斯主演的有关索马里海盗的电影《盗海狙击》，他们获得了大量的关注。不仅如此，有位新的天使投资者接触了他们，提出买下他们最初天使的股份。“对于这样的运作，我们没有比这更高兴的了。”特里萨•史蒂文斯说。

当我在 2013 年下半年访问 Crowdcube 时，它已经使得大约 80 家处于创业早期阶段的公司在互联网上从普通投资者手中筹集了超过 1 500 万英镑的股权投资。截至 2014 年 9 月，这些数字已经上升到为 165 家企业融资 4 600 万英镑。这些数字在绝对金额上是较小的，但是已经大到足以吸引更多人的注意。Crowdcube 的两位创始人达伦•维斯特雷克（Darren Westlake）和卢克•朗（Luke Lang）定期从他们位于英格兰西南部的，坐火车去伦敦拜见政治人物，他们甚至去了白金汉宫。对于这样务实的、近乎邋遢、在行业中没有任何背景的两个人来说，他们所引起的兴趣却是令人吃惊的。“我们并没有打算要改变全球金融。”朗困惑地说道。

他们的影响力也波及到了大西洋彼岸。在 1929 年股市崩盘之后，美国 1933 年颁布的《证券法》终结了私有企业在美国向公众进行的所有金融筹资活动，包括一般性游说。通俗地说，就是向普通公众发布投资机会。对于普通美国人来说，在彩票和赌场上输掉钱财还情有可原，但是赌初创公司却有些太过分了。现在这些限制正在逐步放松。自 2013 年 9 月起，只要最终的买家都是“合格”（即富有的）投资者，那么美国私人公司就可以广泛地宣传它们的新股。下一步打算将大门进一步敞开，允许“非合格”投资者把钱投入包括初创公司在内的私人公司。尽管这必然会对一个人可投入初创公司的收入或资产的百分比份额做出限制，但是它也意味着为吸引投资者和创业者的混战将在众多新的股权众筹网站之间展开。这是美国人自大萧条以来，第一次可以将他们的钱用到新创意的前沿领域，并且如果项目成功，他们将从中获益。

欧洲能够向美国提供未来展望的机会不多（其中例外的情况包括人口老龄化、电视真人秀模式，以及帝国过度扩张），但是更为宽松的监管环境意味着股权众筹在欧洲的发展要比在美国早了数年。股权众筹平台已经在斯堪的纳维亚、荷兰以及其他一些地方涌现，但是没有哪个市场比英国的大。尽管 Crowdcube 的竞争对手不少，但是它是最早创立的。维斯特雷克之前创建过几家科技企业，在他观看电视创业节目《龙穴之创业投资》（*Dragon's Den*）的时获得了灵感。在该节目中，创业者们向一组天使投资者推荐自己的创意。这档电视系列节目成功地突破如何让一档商业节目引起大众的兴趣的困境。维斯特雷克受到自己愿意向电视节目中的一个项目投入一些资金的想法的启发，开始思索打造一个从大众手中为创业者筹集资金的平台。

这个想法付诸行动的结果就是他于 2011 年推出的 Crowdcube。那些想要为自己企业融资的人们可以把自己的项目放到该网站上进行推荐，并详细说明自己想要筹集的资金规模以及相对应的权益。但并不是所有人都能在这个网站上融资：大约 70%—80% 的创业者被 Crowdcube 告知需要提供更多有关商业计划中的信息。这往往足以使那些不可靠的经营者以及那些在酒吧里想出所谓好创意的人失去兴趣。

众筹平台的另一方：投资者

在平台的另一端是投资者。Crowdcube 并不是对所有投资者都十分开放：人们要么必须自我证明他们是高净值人士或者是富有经验的投资者，要么必须填写一张调查表，该调查表旨在剔除那些并不真正理解初创企业投资风险的人。当然，其门槛并没有设定得非常高。你会被问到诸如大部分初创企业是（a）成功还是（b）失败的问题，以及如果这家公司陷入困境，其创始人是否有义务返还你的投资这样的问题。这不像是一次测验，而更像是一个冗长的提示，提示你如果参与风险投资游戏的话，你很可能最终损失金钱。

所有这些都不会令怀疑者感到满意。他们认为，一群散户投资者把钱投入初创企业，在最好的情况下，不过是将现金锁定在缺乏流动性的资产上；在最坏的情况下，则是骗子欺诈人们的伎俩；并且，无论在上述哪种情况下，都很可能会导致损失。此外，人们还担心，只有那些尚未能赢得风险投资者和天使投资者青睐的企业才会最终寻求从大众手中融资。换句话说，股权众筹将是万不得已的投资者的选择罢了。尖刻的专栏作家菲利克斯·萨尔蒙（Felix Salmon）这样写道："当你向那些智财（smart money）放弃的项目投入傻钱（dumb money），其结果是确定的，并且是令人不快的。"

"傻钱"这个词值得讨论一下。确实有些投资者比其他人更加有经验，更有见识，但要在他们中间划出一条线来加以区分是非常困难的。这场金融危机显示了聪明的投资者也可能是愚蠢的。如果说互联网泡沫还可以被部分归咎于是那些业余的短线交易者丧失了理智，那所有那些有毒的按揭贷款支持证券的买家却都是机构投资者。我记得一位 IMF 官员告诉我说，没有什么比通过划线来区分有经验和没有经验的投资者更为武断的了。银行家们迟钝地意识到这个事实：在危机之后，高盛集团不再将其机构客户看成能够清楚地知道世上正在发生什么的大人物，而是将机构客户分为不同的组别，各自需要或多或少的手把手指导。例如，市政当局可能不被允许买卖衍生品，除非这些产品有清晰的基础利益与之相匹配（比如，一笔需要对冲的贷款）。

资产管理行业提供了更多的发人深省的东西。在《行为投资小册子》（*The Little Book of Behavioral Investing*）中，詹姆斯·蒙泰尔（James Montier）讲述了自己对一大群专业投资者进行的一次测试的经历。这些投资者被要求从 1 到 100 中选出一个数字。选择的数字最接近大家所选择数字的平均数的三分之二者获胜。测试结果并不特别讨被试喜欢。一些人选择的是大于 67 的数字。考虑到答案的可能范围，从数学上说，平均数的三分之二不可能大于 67。但只有在你认为房间中其他所有的人都选了 100 的情况下，67 本身才可能。只可惜那些客户将他们的钱交给了这些代表聪明钱的人。

房间里，其他的人更加努力一些——或许是有些太过努力了。答案在数字 0 上面出现了一个值得注意的峰值。因为 0 的三分之二是 0，这个答案意味着那些被试相信房间中所有的人都选 0。你可以从中看到导致这一猜测结果的逻辑：如果你总是试图选择一个比平均数低的数字，并且房间中所有的人都知道这是该游戏的要点的话，那么你必须不断地降低你所猜测的数字，直至你无法进一步降低。除非所有人都选择同样的数字，这需要对人的理性有一个足够大的信任（在这个例子中，蒙泰尔报告，正确答案是 17，即平均数 26 的三分之二。）

当然，这只是一个游戏。当专业人士有机会在他们的主场展示其选股技能时，又会如何呢？在一项被蒙蒂尔援引的 2004 年研究中，基金经理们和一些完全没有金融背景的心理学专业的学生们被要求从两只股票中选出一只他们认为最有可能表现强的。学生们选对股票的时候达 49%，而专业人士们选对的时候只有 40%。可见知识并不一定是力量。

这也许是不公平的。专业投资者的决定是基于分析、讨论和反思，而不是人为的心理实验。那么市场又是如何呢？那些主动管理型基金的基金经理们为超过市场平均表现而做出的投资选择，相对于那些目标仅仅是追逐基准指数的“被动型”基金而言，主动管理型基金却有着糟糕的记录。主动型基金吸引的管理费比被动型基金高得多：投资者们是在为可能跑赢的表现付费。在 2012 年末对主动型和被动型基金的表现评估中，标准普尔公司发现，在此前十年美国所有的股票投资类别中，多数主动型基金的表现不如基准指数。在除了 2008 年之外的同一时期，标普 500 指数的表现都强于 HFRX（一个衡量对冲基金回报的指标）。在 2008 年，两个指数都大幅下跌。总体来看，对冲基金投资者支付给基金管理人的费用几乎必然高于他们所得到的回报。

同样的情况还体现在风险投资者身上。在一个重要而自我鞭挞的、有关风投筹资经验分享的报告中，考夫曼基金会（Kaufman Foundation）透露其已经投资的多数基金都未能超越从股市中所获得的回报。但是该基金会和其他投资者还是会一如既往地向这个资产类别投入资金的。考夫曼基金会的报告指责资本提供者继续胡乱地将资金投入到那些他们并没有进行适当调查的基金中，以及支付的费用纵容了基金规模的疯狂扩张而不是更好地进行投资。毋庸置疑，有才能的投资者是存在的，但也肯定有许多笨蛋的存在，他们会以你意想不到的方式存在。

Crowdcube 所募集资金的绝对金额仍然微不足道。当我访问 Crowdcube 时，在该平台上已经融资的公司中，尚未有一家设法通过出售或者首次公开募股为其投资者实现变现。其中一家——肥皂制造商 Bubble & Balm 已经破产。当然，更多的初创企业将会关门。“事情总会是坏事传千里，好事不出门。”维斯特雷克表示。还需要时间来评估大众的能力。从良莠不齐的下注中筛选出好的来。

不过，对这是否仅仅是“傻钱”做出判断并不为时过早。一旦在网站上注册，投资者们就可以浏览网站上各种改变世界的想法，并仔细查看背后的创业者。网上可选择的企业是广泛的，但是倾向于消费者的占据压倒性地位。我在浏览 Croudcube 的时候，发现了像 Tabbit 这样的企业，Tabbit 在兜售一种智能手机应用程序，这种应用程序能够让人们可以不用在酒吧排队就能订购饮料；我也发现了 GlassFit，GlassFit 为谷歌眼镜（Google Glass）提供一款健身应用程序，旨在使锻炼身体更有乐趣，例如，它可以在你面前展示一个你可以试图追上的“化身”；我还发现了 Castle 三轮跑车公司（Castle Three Motoring Company），该公司制造三个轮子的跑车。投资者可以观看创始人及其产品的录像，阅读该公司的简介，索要商业计划，并与创业者进行问答对话。

而且，其提问和反馈的质量是相当高的。例如，对于 Tabbit 而言，一些投资者指出，其他企业已经在其之前很长时间就进入了这个领域，这促使该公司的创始人必须详细描述自己的产品与其他产品有什么不同。GlassFit 这款应用程序当初是为一种当时无法购买的产品而设计的，出资者们会询问怎样才能阻止谷歌自身开发同样类型的游戏。尽管这些可能与风险投资者们所进行的那种细致透彻的审查不是一回事，但是它也不是掷骰子式的赌博。

对羊群效应的担心又如何呢？羊群效应是指投资者仅仅因为一些项目已经吸引了很多资金，而对这些项目进行跟投的现象。迄今为止的证据显示，当一个项目已经赢得了支持之后，个人投资者的投资倾向确实会迅速提高。音乐众筹网站 Sellaband 的一项研究发现，相对于那些仅仅筹集到融资目标 20% 的艺术家而言，那些已经达到了融资目标 80% 的艺术家获得投资者投资的可能性要高出两倍以上。又一次体现出羊群效应并非绝对地不理性。如果流行本身是一件商品，对于面向消费者的初创企业来说，的确如此，那么支持流行的理念并不无道理可言。事实上，众筹的吸引力之一就是投资者可以作为该项业务的“大使”，比只有少量股东的企业更能有效地推广和鼓吹产品。

有经验的投资者似乎也在运用大众的判断作为对创业者执行力的一种验证形式。杰夫 • 林恩（Jeff Lynn）是一位美国律师，他现在运营着 Crowdcube 的主要竞争对手 Seedrs。Seedrs 的大部分资金来源于少数投资人。林恩表示，这些人介入的时机往往是当他们看到一个创意已经开始流行，并且已经在融资目标上取得了很大进步。“他们想要看到有证据表明人们已带入了自己的关系网，并有上升势头，”他说，“这是对创业者相当好的测试。”这也是众筹所面临的一个现实问题——缺乏与创业者面对面的互动——的部分答案。线下的风投界老手们强调，他们对人的支持与对创意的支持同等重要。制作一段在线视频只能给你带来有关个人动机的有限感觉。说服许多人拿出他们的现金则是另一个更为严厉的测试。

应当承认，林恩的顾虑是自私的，他的担心主要不是当人们投入金钱时将会做出糟糕的选择，而更多的是当人们试图把资金取出时，他们将会被骗。他更大的担心是来自那些像 Facebook 一样能取得巨大成功的企业，这些企业在其规模小时通过众筹已经起飞，并正在接近公开上市。他忧虑这些企业的后期投资者将会悄悄地发行股票，以稀释那些早期出资者所持有的权益。“所有人都会在庆祝，除了大众以外。”Seedrs 旨在通过创设一个名义架构来消除这种顾虑，在这个架构下，Seedrs 本身作为投资者的唯一法律代表并因此确保诸如投票权等权益无法被秘密地变更。林恩认为拥有单一股东的简便性也会对创业者更有吸引力，因为这能降低创业者必须应对的对话者数量，同时对潜在的后期投资者具有吸引力，潜在的后期投资者需要有一个尽可能清晰的股东名册。

Seedrs 的建立是基于它的联席创始人——律师林恩——的想象。林恩等待得到监管者的批准，然后在英国推出 Seedrs。2013 年 11 月，Seedrs 在全欧洲上线；2014 年 10 月，它在美国进行了一次收购。Seedrs 的做法比 Crowdcube 更加正式，Seedrs 更为关注在筹集资金之后发生什么事情；Seedrs 的收费模式是从初创企业最终套现的上涨空间中分一杯羹。Crowdcube 是一个更基于维斯特雷克和朗的模式建立起来的企业。Crowdcube 在未经批准的情况下运营了一段时期，并一直在其他国家疯狂地发展当地合伙企业，以试图组织一个从大众手中筹集初创企业股权的国际平台。Crowdcube 聚焦的是筹集资本，而不是后续事件。“在帮助投资者或企业完成投资后，我们不知道还能做什么。”维斯特雷克表示道。在 Crowdcube 融资的风险企业中，股东的数量和投资者的数量一样多，尽管少数较大的出资者通常持有具有投票权的“A 类”股票。“企业破产的风险才是大风险，而不是股权被稀释的风险。”

众筹模式的多样性

市场旨在培育的正是这种模式上的多样性。对于那些想要寻求更多保护的投资者来说，Seedrs 可能更具吸引力。对于那些想要使项目最广泛地被大众所接触的投资者，Crowdcube 可能更具优势。其他模式也有其存在的空间。例如，以特定类型业务为目标的特色平台，或者针对社会企业的众筹。新的金融市场的本质就是快速演化，更多的变化无疑即将到来。随着众筹网站上的项目日益增长，遇到最好的机会也变得愈加困难。Crowdcube 已经推出了一只能够在网站上投资的基金，为投资者们提供现成的多元化投资。维斯特雷克和朗也在关注允许 Crowdcube 上的投资者彼此联系的可能性。例如，未来投资者或许可能看到其他投资者的投资项目，并与其他投资者组成投资财团或者提供一种具有亚马逊网站风格的特色推荐，告诉初创企业的投资者，他们的投资同伴还已经投资了哪些企业。

我不会夸大大众的智慧：大众的智慧给我们带来了从纳粹到单向组合乐队（One Direction）等形形色色的东西。设立散户投资者可以投资初创企业的资金上限是明智的。但是这个行业迄今为止的历史（无可否认是有限的）是令人放心的。显然，大众并不比那些将资金盲目地分配到风险投资的专业投资者傻。这就为股权通往初创企业提供了另一条渠道，对于剩下的我们这些人来说，这是一件好事。并且这有可能有助于打开新的融资大门，面向那些仅有有限记录和高失败风险的事业，如年轻人。

|人力资本的金融创新|

当保罗•顾（Paul Gu）在耶鲁大学学习经济学和计算机科学时，他问了自己一个问题，该问题也是每个年轻人最终都要面对的问题：他的一生应当怎样度过？这位在中国出生的美国人对开创自己公司的想法非常热切。从美国东海岸的大学通往这个未来梦想的最常走的捷径就是首先前往华尔街赚钱。对于一位数学奇才来说，显而易见的选择就是在数量金融领域的职业生涯：那似乎提供了自主性、智力挑战和高薪的正确组合。2011 年夏天，顾在德劭基金（DE Shaw）实习，德劭基金是一家极其成功的算法交易公司，但是这其中似乎总是缺乏某种东西。尽管他可以很理性地认可这家以及其他类似公司对资本市场所作的贡献，但他总是觉得这与自己想要做的事情缺乏一种情感上的联系。

顾属于那类不缺乏选择机会的人。他是彼得·泰尔第一批资助项目的成员——20 位年龄在 20 岁以下的人，每人在该项目中获得 10 万美元的资助，以便他们可以休学两年来追求自己的抱负。彼得·泰尔是科技投资大师，他的简历中包括创立了 PayPal 以及投资 Facebook。因此，顾得以前往硅谷，并在那里工作了 6 个月，开发了多种随机的网站应用。随着他在脑海里反复考虑商业创意，他被年轻人所面临的一个非常普遍的金融问题所吸引。

正如我们在本书开篇章节中所讨论的那样，人们有两种形式的资本：金融资本，这是他们实际积累的钱；人力资本，这是他们未来收入赚钱的潜力。这两种类型的资本是不同步的。老年人已经耗尽了他们的人力资本，但他们应当已经积累了金融资本。年轻人有许多人力资本，但是没有很多金融资本。金融就如同桥梁般在这两种状态之间架起沟通的桥梁。学生贷款就是一个很好的例子。学生贷款的借款者可能是没有技能、没有经验也没有钱的人；偿还贷款的人则应当在各方面都已经获得了一些技能。

学生贷款融资新模式：权益融资

但是如今承担债务以便用未来的收入偿还这些债务的做法存在一个问题。借钱可能帮助人们安然度过了这个艰难的时间段，但对其未来的状态却没有帮助。不论是不赚钱还是赚大钱，偿还借款的义务是同样的。用经济学家的话来说，未来收入中的内在风险被借款者承担了。就如同对于新公司，这对于学生和刚毕业的人来说，同样是一个问题。

一些国家已经意识到了学生贷款融资的方式存在问题，并作出了承认与应对，他们确定了一个收入门槛，低于此收入门槛时，债务偿还会暂停。但是这项选择并非总是能够获得批准，尤其是在美国，债务是非常棘手的：不像其他形式的借款，学生贷款无法在破产中被免除。这不但使得高等教育对于低收入青少年的吸引力下降，也使得那些债务缠身的新毕业生更难选择具有不确定回报特性的创业精神，而是选择有着大额月薪支票的华尔街。

但是，这也存在着另外的选择。为什么不效仿年轻公司的融资方式，运用权益而不是债务来为学生或者年轻的毕业生提供资金呢？与债权人要求固定偿付不同，权益投资者会从别人的未来收益中分得一个确定的比例，不论这个收益可能是多大。正是这个理念吸引了顾的注意力。他推断，因为付款金额的上升和下降取决于你赚了多少钱，这应该是一个更好地鼓励年轻人承担创业之路风险的方法。

这一理念并不新鲜。著名经济学家米尔顿 • 弗里德曼（Milton Friedman）在其 1955 年发表的论文《政府在教育中的作用》（*The Role of Government in Education*）中提出了一种金融工具，允许人们购买学生的一部分未来收入。在 1971 年，耶鲁大学针对人们的收入水平进行了一项融资实验，在实验中，学生们需要拿出年度收入中非常小的部分，不论多少，作为偿付金，直至贷款被还清。该项目并不成功，部分原因是在实验中，人们被分成为不同的群，群中的每个成员都担负着对其他成员的还款责任。此举的结果是引入了大量的“关联风险”：一个人的违约意味着其他每一位的偿付增加，加大其他人的违约可能性，进而再增加其他所有人的偿还，周而复始。

为教育引入类似权益融资的后续努力更为成功。在“人力资本合约”（human-capital contracts）运用方面的先驱者是在 2003 年创立的 Lumni 基金，迄今为止，通过建立多种投资于年轻人的基金，它已赞助了智利、哥伦比亚、墨西哥和美国的数以千计的学生。学生们则用他们毕业后十年里收入的一个固定百分比作为回报。这些基金结构并没有重复耶鲁大学那项实验中集体承担财务责任的错误，但确实为风险的分散化留出了空间：结构中存在较大可能性的是低收入毕业生将被高收入毕业生所抵销。这也使得创立不同类型的基金成为可能。一些基金是非营利的；一些则要求财务回报；一些基金是由寻求投资高潜能雇员的公司提供的；另一些则针对特定的大学而设立。一家在 2002 年创立的德国企业 CareerConcept 也采用了一种类似的教育融资模式。

十年之后的 2012 年，顾估计是时候再推动一把这个市场了。但他并非硅谷中唯一想到学生债务对承担风险有抑制影响的人。谷歌前雇员戴夫•吉鲁亚德（Dave Girouard）也在思考类似的东西。当这两人被他们共同的朋友介绍认识的时候，他俩联手创建了一家名叫 Upstart 的新企业。该企业旨在提供一个线上平台，在这个平台上，出资者们可以遇到那些寻求资金的年轻人，或者“初出茅庐者”（upstarts）。一些初出茅庐者仅仅是运用该平台偿还已有的学生债务，将一种形式的融资转变为另一种形式；其他人筹集资金以帮助自己朝着实现具体创业理念的方向努力。作为回报，出资者们获得初出茅庐者 5 年或 10 年期内的一部分收入。

2012 年，在美国的另一边，另一家几乎与 Upstart 同时启动的公司 Pave 成立了。一年之后，当我访问他们位于纽约索霍区时髦的开放式办公室时，Pave 的创始人——两位高盛集团前雇员萨尔•拉胡德（Sal Lahoud）和欧伦•巴斯（Oren Bass）以及 Facebook 前雇员贾斯丁•米歇尔（Justin Mitchell）——提出了与顾相同的观点：履行偿还借款的需要必然会限制年轻人承担风险的意愿。

未来的企业家和艺术家将成为案牍办事员，而不是去追求他们的梦想。“硅谷擅长支持有创意的人，但为什么硅谷应该是这个国家唯一能这样做的地方呢？”米歇尔说，“如果能够有这样一个平台来帮助所有的行业，而不仅仅是技术行业，并且解决学生债务对其长期思维的压抑影响，那会如何呢？”

在金融行业里总是充满了未能展翅高飞的好创意。教育股权市场在过去未能真正起飞的现状值得怀疑。果然不出所料，2014 年 5 月，Upstart 宣布它将放弃对所谓的“收入分享协议”或“人力资本合约”的实验，以便专注于放贷产品。此后 Pave 将其权益产品搁置，聚焦于更大、更成熟的面向年轻毕业生消费者的借贷市场。这两家公司所遇到的是初创公司面临的典型问题：在一个合理的时间段内创造回报的压力与投资者在未来许多年里获取不可预测的收入的模式是不匹配的。与此同时，有许多资本在不断涌入新的放款模式中（详见第 7 章）。

新奇也是收入分享协议所面临的一个问题。新产品必须克服一系列监管和税收障碍。但没有数据可以安抚资金提供方，并且年轻人自己也是在盲目地操作。每个人都有获得贷款的经历——或者是认识有过这样经历的人。但是几乎没有人能够给你是否出让自己未来收入的一部分的建议，何况质押你未来收入的一部分给投资者在概念上也感觉有些不对。这难道不是一种契约奴役制吗？契约奴役制是当年美洲殖民地一种常见的奴役形式，它要求年轻的移民为雇主工作固定的年限，以偿付他们从欧洲到达美洲的旅途费用。让别人拥有你的部分劳动成果的想法令人感觉是束缚自由的。事实上，人们很难理解为什么这种随着你环境的变化而变化的偿付形式，会比那种不可违的偿付义务，更加限制了人们的自由。

即使 Upstart 和 Pave 已经远离了权益并走向债务，但是仍然有充分的理由相信这个市场在更加接近现实。在提供合约仅仅一年多时间里，Upstart 的出资者们已经向 320 位“初出茅庐者”提供了 350 万美元的资金，并开始找到如何获得回报的方法。类似 Lumni 这样的提供者仍在继续运营。Pave 的巴斯（Bass）表示，如果监管门槛（例如，监管门槛阻止了散户投资者投入金钱）能够降低，他预计 Pave 的权益产品是会有未来的。更为重要的是，美国政府对学生贷款的替代形式已经非常感兴趣了。

政府对学生贷款替代品的兴趣

来自官方的鼓励对于新市场的意义非凡。回顾那些金融行业更被妖魔化的早期年代，政府和多边机构对新产品扮演助产师角色的频繁度是令人惊讶的。这些机构拥有使事物迅速起飞的金融资源，并且因为它们并不受制于私人部门所面临的同样的商业需要，因此它们愿意尝试。美国政府在促进证券化市场中的作用是众所周知的。政府所有的公司吉利美，在 1970 年成为第一个发售由按揭贷款组合支持的证券的机构；最早的抵押担保证券（collaterized mortgage obligation）是由房利美公司在 1983 年发行的。最早的外汇和利率互换协议是由世界银行与 IBM 公司于伦敦签署的，协议规定世界银行用其多余的美元换取 IBM 多余的瑞士法郎和德国马克。最早的信用违约互换交易发生在 1994 年，是由欧洲复兴开发银行（European Bank for Reconstruction and Development）——一家宣称致力于为东欧经济转型融资的多边组织，向 JP 摩根公司提供保险防范埃克森违约风险。

政治目标在驱动金融市场创新方面也是非常重要的。最显著的例子来自历届美国政府促进“居者有其屋”的政策。现在，政治人物们在关注学生们完成大学学业的资金来源，并意识到当前模式越来越不可持续。

当美国家庭在减少债务之时，助学贷款成为了 2008 年以来消费者借贷中唯一获得了增长的模式。美国目前尚未偿付的学生债务总额在 1 万亿美元以上，仅次于按揭贷款债务的规模。在 2004 年至 2012 年期间，学生借款者的人数和平均贷款余额都增长了 70%。美国国会预算办公室估计，在未来十年间，政府将向学生们提供 1.4 万亿美元贷款的增量。这一增长受到若干因素的推动。自 1983 年以来，每名学生的大学教育成本的增长速度几乎是通胀率的 5 倍。尽管如此，接受高等教育的人数增加了，花在大学和研究生院的时间也更长了。

逾期率也上升了：来自纽约联储的数字显示，2012 年，17% 的助学贷借款者逾期 90 天以上，而在 2004 年这一数字不到 10%。在学生债务上的拖欠对于学生获得其他形式的信用，尤其是在按揭贷款上，会产生不可避免的后果。这其中有足够的逻辑：出借者不应当向那些已经处在苦苦挣扎中的人发放贷款。但是即使是那些按时偿还助学贷的人，好像也会在信贷上受到更大的约束。

纽约联储的另一个分析显示，在 2003 年至 2009 年期间，30 岁有学生债务史的人，其住房拥有率明显高于同龄人中那些不曾有过学生债务史的人。但这种情况已经发生了彻底的改变。尽管 2008 年以来，这两个组别中 30 岁的人的住房拥有率都在显著下降，但是那些还负担着学生债务的人的住房拥有率的下降更为急剧。事实上，30 岁没有学生债务史的人比那些有学生债务史的人更容易获得按揭贷款。同样的转变已经发生在那些曾为购车贷款的 25 岁年轻人身上。造成这种情况的部分原因是贷款审批环境更为严格，较高的债务收入比使放款者会更为谨慎地对待。

你可能会对这些变化不屑一顾。在繁荣时期，人们对住房所有权太过重视，它不应成为一项基准。经济状况必将对就业、收入和借款能力造成影响。放款者更为严格是件好事。尽管这一切都是正确的，但这里面仍有某些东西是非常有害的。借款来支付大学教育的费用的全部意义在于它为学生带来了整体经济回报。近期一篇论文估计，一位典型的大学毕业生的年消费水准要比一位同等条件下的高中毕业生高 38%。但是这种经济回报不再像过去那样确定了，而且需要更长的时间来实现。而其中的部分回报则来自更容易获得信用。例如，由于大学教育所能带来的更高的终身赚钱能力，让按揭贷款的放款者向大学毕业生放款应当是明智的。但是当前这个行业更为关注的是目前的债务，而不是未来的收入。

一些人认为越来越少的人选择上大学是有道理的，而金融有助于决定这一选择的真正自由程度有多高。在 20 世纪 70 年代和 90 年代之间席卷美国银行分支去监管的进程，导致了放款者之间更大的竞争，降低了借款利率，从而使许多中低收入家庭能够从银行借到更多的钱来供孩子上大学。一项研究发现，在 1972 年至 1992 年间，大学招生人数总增长中的 20% 得益于对银行分支放松监管之后而形成的更为宽松的借贷政策。

如今，信用限制又在产生影响。在美国，家庭收入已逐步成为了能否上大学的一个至关重要的决定因素。随着学费和学生债务负担成本的不断提高，低收入家庭的后代做出上大学的决定变得更为困难。造成这种情况的部分原因是贫穷的学生将需要借更多的钱来筹集教育资金。来自英国的证据显示，在毕业时，最贫穷的学生的负债程度远远高于最富有的学生。

政策制定者们逐渐认识到了这个问题。2013 年夏，美国俄勒冈州吸引了人们的注意力，该州的立法机构批准一个委员会研究如下的提议：免除州立大学的学费，以换取学生未来收入的一部分。联邦立法者也已经提出了资助在其他州测试这一试点项目的可能性。2014 年 4 月，两位美国参议员马科 • 卢比奥（Marco Rubio）和汤姆 • 佩特里（Tom Petri）提议立法，为收入分享协议提供一个法律框架，该提议规定了合约的最长时间和年轻人能够承诺给予投资者的偿付上限。佩特里在当时的声明中表示："这些计划将帮助所有的学生，包括家庭贫困的学生，获得他们所需要的资金，但免除他们因传统贷款而产生的焦虑"。

在政策制定者对收入分享协议理念变得更感兴趣的同时，科技的环境也在发生转变。诸如 Kickstarter、Crowdcube、Lending Club（在第 7 章讨论）等公司正在使人们逐渐习惯通过网上平台为陌生人融资的理念。可获取的网上数据显示像 Upstart 这样的公司能够以前所未有的复杂方式来分析年轻人的赚钱潜力。保罗•顾在有了用权益为教育融资的想法后所做的第一件事就是进行数据分析。来自一些纵向研究机构的公开数据显示了美国教育与收入之间的长期关系，这些数据使得顾能够建立被他描述为“一个简单的多变量回归模型”的模型——你知道这种模型，我们都曾建立过这样的模型，并能算出诸如考试分数、学位和第一份工作等因素与未来收入之间的关系。

这一模型已经变得更加出色了。申请者的受教育程度、学习能力倾向测试（SAT）的分数、工作经验以及其他详细情况都被输入到一个专门的统计模型中，该模型审视具有类似背景的人群并生成对申请者的个人收入预测。Upstart 现在已经开始运用这些数据来审批年轻人的贷款——年轻人经常发现因其信用历史有限而难以获得贷款。但是该模型设计的初衷是被用来确定对申请者每放弃他们未来收入的一个百分点所能增加的筹资金额。例如，该模型确定每 1% 的收入可融资 1.5 万美元，那么申请者就可以用这个数字来确定在 7% 的收入上限内可筹集多少钱。因此在我们的例子中，“初出茅庐者”可能选择用其未来 5% 的收入来筹集 7.5 万美元。Pave 公司也会基于对薪酬的历史分析，为年轻人（他们称之为“有前途的人”）提供指导，指导他们计算出自己放弃多少百分比的未来收入，能筹集到的资金。

然而，就像每一种新的金融工具一样，人力资本合约必须非常努力地平衡买方和卖方之间的利益。理论上讲，基于权益的教育投资使得出资者和年轻人的利益得到了完美的结合——更高的收入对双方当事人都有利——而放款者对于借款者超过一定门槛的收入是不感兴趣的。但在现实中，不确定性会让投资市场痛苦不已。年轻人远不会被一份人力资本合约所奴役，他们有彻底改变职业的选择。最初，你或许以为自己支持的是一位高收入的电脑程序员，殊不知你的钱却支持了一位低收入的化学教师。所有市场都必须应对信息的不对称性，在对人进行投资时，这尤为突出：没有投资者希望如同年轻人本人一样理解这位年轻人的抱负、诚信和自律。因此对于传统的贷款，信息不对称仍然存在，但是偿还义务至少为投资者的利益提供了更大保护。

教育投资中的“逆向选择”问题

伴随着信息不对称而来的是被称为“逆向选择”的问题。假设时光倒流到2003年，一位投资者决定把她的钱投给具有前途的哈佛大学年轻学生马克•扎克伯格。随着时间的推移，证明这位投资者当初做出了一个非常好的决定：扎克伯格的社交网站facebook正在走向公开上市，他年收入的一个小比例仍然会是一大笔钱。但如果扎克伯格决定在这些年期间只支付给他自己微薄的薪水，以避免不必要地交出大笔现金呢？更重要的是，像扎克伯格这样的人难道不会对他自己的能力有足够的信心，以至于在刚开始就避免签署权益合约吗？如果你认为自己将来能赚很多钱，那么承担固定金额的名义债务的选择无疑更为明智。这一推理使得那些最具赚钱能力的人可能不会参与到借款中来，而那些最不具备赚钱能力的人将会涌入。这是对股权众筹另一个版本的批评：最好的机会将被专家们摘走，而只剩下不中用的公司留给大众。

绕开这一问题的方法之一就是促进资本提供者和接受者之间的接触，以便他们在做出任何投资决定之前适当地相互评估。另一种方法是使投资者的投资组合分散化，以便一位毕业生的糟糕结果更有可能被另一位毕业生的较好结果所平衡。这两种方法在某种意义上是相互矛盾的：有更多的投资对象意味着投资更分散化，但是也降低了紧密沟通的可能性。Lumni公司模型是一个基金架构：它提供了分散化的好处，代价却是不了解每位学生，这意味着年轻人放弃了拥有导师关系的益处。该模型的前身——Pave 和 Upstart 所采用的模型——为更密切的沟通留出了空间，但其结果是投资者因此将风险集中在少数个人身上。

关键的问题是，要投资多少人，或者至少投资多少人，才足够让投资人适度地相信投资对象的总体收入能达到他们的预期，并能给资者带来适当的回报。顾估计这个数字会出人意料地低。他的计算表明，一个由 10 到 20 名“初出茅庐者”构成的组合可以使投资者高度确信他们的样本能够达到 Upstart 的模型所做出的预计。他的逻辑是，工资的波动程度比其最初看起来要低很多。大约 40% 的初创公司在 3 年内会倒闭，到 10 年时这个数字升至 65%。个人未能赚到其预期收入的可能性比这还要低。

逆向选择的问题又该如何解决呢？解决扎克伯格问题的方案之一是设定总的可放弃未来收入绝对金额的上限——例如，Upstart 过去常常将上限设定为所筹集金额的 5 倍。但为解决这个问题，顾的模型也设计了使得有着较高收入潜力的人（例如，基于他们在哪里学习，学习什么，或者他们在大学里的表现如何）能够凭借其未来收入的每个百分点比收入潜力较低的人筹集到更多的钱。这些不同的融资率激励着人们的参与，不论他们的预计收入是多少。顾曾对俄勒冈州设想的“用未来付款”计划的最初设计持批评态度，而这恰恰是因为该计划没有区分未来收入潜力的差异。因为人们将付出未来收入的一个固定的百分点，较高收入者最终为他们所受教育付出的会比低收入者高出很多。Upstart 估计，在俄勒冈州立大学毕业生中，前 25% 的高收入者所偿付的金额至少将是最后 25% 的低收入者的 2.5 倍。

怀疑者又提出了另一个担忧。人力资本合约将不可避免地鼓励投资者追逐收入潜力最高的人，这反过来会加剧那些聪明的年轻人获得资金并前往华尔街谋求从事非生产性职位的问题。本书认为金融职业对社会的有用性高于其目前所获得的肯定，但是无论如何，顾的直觉正好相反：他认为不施加固定的还款融资形式将会导致在职业选择上承担更多的风险，而不是更少。即使他的观点是错误的，风险的定价模型已然是向高等教育注入一定成本约束的一种重要方式。至于如何对待那些有社会价值但低收入职业的学位——教学、医疗保健、社会工作等，政府仍然可以选择补贴这些领域，但是补贴至少应该更加透明。

任何新的金融工具也必须突破多重的法律和监管障碍。将你的收入与另一个人分享是一个新的理念，这意味着从零开始透彻地思考合约问题。可执行性是一个显而易见的问题：一个投资者如何知道一个“有前途的人”将要赚多少钱，如果还款无法如期兑现，又该如何实施求偿？解决方案之一是运用纳税申报表来验证收入和执行合约。但一个与日俱增的趋势是对税务信息的跨境自动交换，这有助于降低学生们移居另一个国家以隐藏收入的风险。但是这个问题确实有助于说明抵押品在解决金融产品——尤其是那些延续很多年的金融产品方面——所面临的许多障碍上所起的作用。当手头有一个不动产抵押品（一套房子）可提供违约支持时，按揭贷款提供者就某人未来收入的下注就容易很多。抵押品不仅仅是帮助借款者降低借款成本而已，而且假如按揭贷款者不处在负资产的情况时，那么他可以选择出售房产来偿还银行款项，以摆脱债务。抵押品为借款者提供了一条退路。人力资本即体现在我们每个人身上的经济价值，是最缺乏流动性的资产。

显然，人力资本合约概念要成为金融王国中一个常规的部分还需假以时日。相对于那些已经毕业并想为未来的职业融资的人，这个模式为本科教育融资更不容易，因为可利用来预测未来收入的数据量必然少得可怜。但是企业的股权众筹发展为这些在教育领域的类似风险项目带来了一线曙光，尤其是在经历了金融业费时费力地增加了我们所承担的债务规模的痛苦经历之后，有关权益的新想法还是会受欢迎的。

第 7 章

Smart Money
How High-Stakes Financial Innovation is Reshaping Our World—For the Better

P2P 借贷与金融的缺陷

| 第一个 P2P 借贷平台的诞生 |

雷诺·拉普兰齐（Renaud Laplanche）是一位生活在美国旧金山的、说话温和的法国人。到 2000 年代中，他已经创立了一家企业软件公司，并将其出售给甲骨文公司。拉普兰齐通常会及时地偿还他信用卡上的余额，但是他注意到，如果他顺延信用卡账单上的任何未偿付的余额到下个月，那么这些余额将面临高达 19% 的利率。这个利率看起来非常高，尤其是因为他在这家银行的存款账户上所获得的回报是如此地微不足道。有人从这个息差中赚了很多钱。

我们当中的一些人可能会对此抱怨一阵，然后继续做某些重要的事情，诸如看重新播放的《白宫风云》（*The West Wing*）。拉普兰齐的反应则是建立一家公司。“一个很大的价差总是给创业者释放出一个机会的信号。”他说道。2007 年，他的新公司 Lending Club 创立了。此后 Lending Club 获得了来自谷歌公司的投资，并吸引了诸如美国前财政部长拉里·萨默斯和摩根史丹利公司前老板约翰·马克（John Mack）等人加入其董事会。2014 年，Lending Club 的估值已经接近50亿美元，并且在本书的写作期间，该公司正在进行的首次公开募股预计会使其更为人所知。

Lending Club是“个人对个人网络借贷”（peer-to-peer lending）行业中的领军企业。由于一些显而易见的原因，Lending Club这个名字显然有点儿不恰当，但是其理念是简洁的。银行是信用流的中介：银行的工作是居间于借款者和放款者之间。你的存款聚集在银行里，然后银行利用这些钱和银行的其他负债来决定如何借出。你的钱将要用于资助其他借款者，只是你没有意识到罢了。

Lending Club和其他的P2P放款者运用技术手段将借款者和投资者直接匹配。借款者可以在Lending Club的网站上向出资者寻求资金；这些出资者可以选择把钱借给谁。由于没有那些银行老旧的IT系统和分支行网络成本的束缚，Lending Club可以确保借款者获得的利率比他们通常从银行得到的更低：在2013年借款者所支付的平均利率为14%，远低于信用卡费率。除去4%的违约率以及Lending Club的服务费外，投资者获得的回报是9%~10%，考虑到利率已经低到不能再低的程度，这个回报已不算太低了。

因此，Lending Club实现了爆炸性的增长。自2007年创立以来，截至2012年12月，通过Lending Club平台所贷出的贷款已经超过了10亿美元；截至2013年7月初，Lending Club的累计放款额已经翻番；到2013年12月，其放款额突破了30亿美元大关；截至2014年9月，其放款额已经突破了60亿美元。这样的体量使Lending Club远远领先于其竞争对手。更大的市场吸引着更多的借款者和投资者，也为投资者在贷款到期前寻求出售贷款增加了流动性。

Lending Club是P2P初创企业整个体系中的一员。它在消费领域中的最大竞争对手是另一家位于旧金山的公司Prosper。Prosper时断时续地运营了几年，但目前也在非常快速地增长。在大西洋对面，总部在伦敦的公司Zopa可以宣称自己是行业先驱：该公司自 2005 年以来就在经营，并聚焦于“最优惠”（即信誉最卓著的）借款者。Zopa 的英国竞争对手包括 RateSetter，RateSetter 是由投资银行 Lazard 的一位前雇员在 2009 年创建的。

| P2P 借贷平台的多样性 |

然而，消费信贷仅仅是 P2P 借贷模式的一个应用。在 Relendex，英国的投资者可以凑在一起为诸如写字楼或仓库等商用按揭贷款放贷——来自这些房地产的租金收入保证了他们的利息收入。Funding Circle 是一家英国的互联网平台，旨在将放款者与小企业联系起来。由于大银行的紧缩，小企业遭受到了信贷短缺的困境。Lending Club 在迅速增长：截至 2013 年 7 月，投资者已经通过该平台向英国的小企业总计放款 1.24 亿英镑；截至 2013 年 11 月，这一数字已经升至 1.73 亿英镑；截至 2014 年 11 月，达到 4.35 亿英镑。其产品供应还在不断扩展，使得小企业能够凭借资产的担保借款。其经营的地理范围也在不断扩大。Funding Circle 目前正在进军美国市场。在美国，Funding Circle 将遭遇 Lending Club，Lending Club 也正在开始进入小企业贷款领域。

学生债务是另一个很有前途的领域。正如我们在第 6 章中所见，Upstart 和 Pave 已经退出股权融资，进入到了向信用历史有限的年轻人放贷的领域。总部设在纽约的 CommonBond 是向在校生放贷、向近期毕业生提供债务整合的若干家平台之一。该平台的联合创始人大卫 • 克莱因（David Klein）最初是想为这个市场做一个权益产品，但是由于一些常见的原因而放弃了这个想法。“我们的市场研究显示，出于本能的反应，人们将权益产品与卖身契联系在一起。我们不想让我们的产品背负那种包袱，”他说，“我们也会担心逆向选择的问题：那些对自己的赚钱能力有足够信心的人可能不会参与平台借款，因为交出的权益比承担债务更为昂贵。”通过向 MBA 学生和毕业生放款，CommonBond 通过选取确有赚钱能力且信誉好的借款者，并将这些人与校友以及其他投资者匹配，向他们提供甚至比政府提供的更低的利率，实现了飞速增长。其最初的4 000万美元资金被用于为沃顿商学院的40名学生提供资金。截至2014年年中，CommonBond 已经筹集到了 1 亿美元的第二笔资金，向全美的一系列项目和学校的毕业生放款。

债务并不是 P2P 原则的唯一应用。股权众筹也正按照同样的原则运行。目前对 P2P 保险也进行了一些试验性的尝试，最著名的是一家名叫 Friendsurance 的德国公司，于 2010 年在柏林创立。在 Friendsurance 的模式中，大的索赔仍属传统保险公司的范畴，但一些较小的索赔金额——即投保人在保险公司赔付之前必须先行偿付的“可扣除的”或“额外的”金额——则是在一个小圈子里共担，这个小圈子里的人实际上是互相进行保险的。他们所支付保费的大部分被投入一个资金池，以便为这些规模较小的索赔理赔，剩余的任何没有被索赔的金额在年终返还给投保人。这种类型的社会保险应当降低欺诈——朋友往往不会彼此欺骗——也因此降低了承担较大索赔的大型保险公司的成本。

所有这些活动看起来都很有趣，但是它们真的重要吗？毕竟所涉及的金额仍然微小。尽管 Lending Club 是这个行业里的领军企业，但截至 2014 年，其贷款发放额也仅达到 60 亿美元，相比之下，美国信用卡债务余额却高达 8 500 亿美元，美国消费信贷总余额超过 11 万亿美元。怀疑者猜测 P2P 平台的崛起是否仅仅是一种危机后的现象，是对银行的一种情绪上的抵制，终将像对华尔街的愤怒那样会消退。但是证据显示，金融的这些新生事物会得以长远发展的。

这些借贷平台一个大的特色是它们所吸引的资金类型。在这个行业里，你只要混迹的时间足够长，就必然会听到有人一本正经地谈论“金融民主化”。这些平台也的确提供了一个使得大型投资者直接接触到无担保消费信用产品的渠道。机构投资者现在占据 Lending Club 超过三分之二的贷款量；保险公司和主权财富基金已经注入了高达 1 亿美元的资金。借款平台的证券化已然发生：一家名叫 Eaglewood Capital 的对冲基金的创立，就是为投资 Lending Club 的贷款。2013 年秋天，该基金将其中的一些贷款打包成证券化产品。SoFi 是另一家 P2P 平台，专门从事学生贷款。2014 年 7 月，SoFi 的一款证券化产品获得了标准普尔的投资级评级。CommonBond 的资金提供者包括来自金融业传统部门的一些名人，如花旗前首席执行官维克拉姆•潘迪特（Vikram Pandit）。

普通的投资者确实仍然是借贷平台资金提供的重要来源之一。借款者喜欢来自个人而不是匿名资金管理人的贷款，并且散户资金是平台稳定的资金来源，平台必须确保贷款需求和资金供应的平衡。拉普兰齐回想起 2011 年 8 月标准普尔下调美国主权信用评级所产生的影响，导致人们对股市感到恐慌，于是散户资金开始流入到平台。“对于很多散户投资者来说，我们是避险的最佳选择，”他表示说，“另一方面，我们也看到了来自一些对冲基金的赎回要求。”

但是平台中的机构资金流意味着“P2P”这个词早已不能公平地反映这个业务的规模和专业化了。Lending Club 本身并不使用这个词，拉普兰齐表示：“正如 Facebook 不把自己称为一个‘社交网络’一样。”相反，一些人已经开始运用诸如“直接借贷”和“市场借贷”（marketplace lending）等术语。拉普兰齐提供的描述则是：“我们是一种更为高效的消费信贷和资本分配方式。”这也为这些平台具有光明的未来提供了另一条线索：它们旨在应对主流金融的一些缺陷。

| P2P 借贷平台对金融风险的规避措施 |

2007—2008 年危机发生之后，在资本、流动性、衍生品、薪酬和解决机制等领域（仅列举少数），相继出台了一系列的监管新规定。这些规定有两重目标：第一，确保银行不再陷入如此可怕的境况；第二，确保当危机再度发生时，不再由纳税人埋单。围绕着这些目标，许多不同的措施正在被紧锣密鼓地部署着，尽管有人叫喊着限制银行的事情没有完成一件，但这些措施正在产生强有力的影响力。

监管者的两大控制杠杆

监管者必须控制的两个最重要的杠杆是流动性和权益。银行挤兑并非是债权人可以使银行倒闭的唯一方法。银行在众多不同的市场上，从许多不同的资金来源处进行短期借款：银行在回购市场借款，承诺以证券为抵押以换取现金；银行从货币市场基金借款；银行运用一种短期的资本市场工具——商业票据来筹集资金等。当一笔债务到期时，银行的有效假设是，它们可以将债务滚动周转起来，或再度从最初的债权人手中借款，或运用来自其他人的资金偿还债权人。正如 2007 年夏，当流动性冻结时，这场游戏也就结束了。银行不得不快速出售资产，以变现偿付它们的到期债务，而抛售资产的过程驱动了资产价格的下降，引发了损失，使得债权人更加惜贷。

流动性风险是银行家们在工作第一天就了解的。但是萧条之前的长期繁荣使得许多机构早已习惯了这种风险。自金融危机以来，监管者（以及高管们）变得更加聪明了。银行的融资组合因此而改变。那些此前依赖短期批发资金的银行发现，当 2007 年信贷开始紧缩时，它们已经无法滚转债务了。如今，这些银行都非常重视存款和来自资本市场的较长期资金。存款是被保险的，因此被看作具有“黏性”；长期资金较为安全，因为在冲击发生时，发行者不必立即面对市场。

权益是监管者已经拉动的另一大杠杆。权益也被称为风险资本，因为它是旨在吸收损失层面的资本。对于房主来说，权益是你投入的定金；对于一家公司来说，权益是股东所投资的资金。权益可以作为在出现问题时保护银行免遭灾难的缓冲。当利润高时，权益则获益。当损失增加时，权益则受损。权益是资本结构中风险和回报最高的部分。

从长期来看，银行在逐步减少所运用的权益规模。在 1913 年美国联邦储备委员会和 1933 年美国联邦存款保险公司（FDIC）成立之前，美国银行的资产负债表上的权益规模为总资产的 13%—16%。截至 2007 年，银行业的权益与资产的比率为 3.8%。与欧洲银行相比，美国的银行可谓审慎的楷模了：按资产规模，曾是全球最大银行的苏格兰皇家银行（Royal Bank of Scotland）在 2007 年的权益"缓冲"仅为 2%。在这样的杠杆水平上，一个 100 美元的投资组合中，损失 2 美元就意味着耗尽这家银行的所有资本。

监管者现在向金融体系注入更多的资本，并确保这些资本是高质量的。以前，银行为了满足资本要求，可以把所有类型的不同工具都计算在内。现在监管者强调纯粹的权益，以便资本结构是基于更坚实层面的资金，其承接损失的能力毫无问题。人们总是激烈地争论着银行所需要的权益量，而这种争论往往停留在观念上。但是无论度量口径最终落在何处，都会远高于危机之前。

P2P 平台的避险作用

所有这些与 Lending Club 和其他新金融平台有什么关系呢？其实，它们之间的联系并不多。这些平台的建立就是要规避这两个风险。这也正是为何这些平台已经被监管者所注意到的原因。像 Lending Club 或 Prosper 这样的平台并没有通过资产负债表上的负债来运营，以便为它自身的放款提供资金。相反，它们是作为一个市场平台（marketplace），在这个平台上，借款者和放款者可以相遇和交易。如果一家银行的贷款登记簿上发生违约，其债权人仍然能期待获得偿付。然而，如果 Lending Club 的一笔贷款违约，投资者将遭受损失。一些 P2P 平台确实采取了一些为投资者降低这种风险的机制：RateSetter 和 Zopa 在其平台中放置了准备金，以便在违约发生时可填补缺口，但是平台本身并不像银行那样发挥风险的中介作用。

这些新平台也解决了与期限转换有关的问题，期限转换是银行将短期资金变为长期放款的一种把戏。如果一个投资者为一笔 3 年期的消费贷款提供资金，那么在 1 个月或一两年之后，她不能像银行的存款者那样要求收回资金，因此借款者将不会面临突然提现需求以及为此而仓促筹集资金的局面。处于银行业务核心的期限错配的情况在平台并不存在。“我们不必管理期限转换的问题，”拉普兰齐说，“在资产和负债方面，我们有一个完美匹配的市场。我们没有 8：1 的杠杆。我们是在化解银行体系的风险。”

这对于监管者来说的确是个具有诱惑力的信息。以自由思考而闻名的英国央行官员安迪•霍尔丹（Andy Haldane），曾思索和疾呼新技术平台是否有可能最终让中介彻底被排挤出去。他关注的是挽救一个建立在期限转换和杠杆上的系统的脆弱性。但是，他认为这些平台可以持续增长的更大理由是基于它们的可负担性和便利性。

银行需要配备接待员，擦亮大理石地板，运营分支网络，向员工支付工资，保持资本缓冲，遵循合规要求，以及拼凑一个老旧的 IT 系统。仅仅是进入一家银行的总部，就有可能是一次痛苦的经历。我第一次访问摩根士丹利纽约办公室时，随身带的唯一有照片的身份证明是一张乐高积木乐园（Legoland）的会员卡。照片上是模糊不清的我和一个持着大扳手的巨大乐高人物。我把这张卡交给了保安人员，有三位保安人员嘀咕了半天照片上拿着扳手的家伙意味着什么，才让我进去。

而访问那些新平台的办公室时，你会发现它们所掌握的成本优势是显而易见的。例如，在 Zopa，看起来很年轻的团队分别坐在不同的区块：一些人进行 IT 开发；另一组人筛查想要成为借款者的人的信用风险；有两三个人追查逾期付款的人。在旧金山，拉普兰齐估计，像 Capital One 这样的信用卡公司的运营费用率（表现为公司经营成本相当于其收入的比例指标）大约是 7%；Lending Club 则低于 2% 并且在不断下降。

速度和便捷的重要性不能被低估。萨米尔·德赛（Samir Desai）是中小企业平台 Funding Circle 的首席执行官。尽管在 Funding Circle 上的借款成本低于银行，但其价格并不是主要的吸引力。“从银行申请贷款所花费的时间太长，太痛苦。”他说道。为了展示互联网平台相对于银行的优势，他指出，Funding Circle 的一半贷款申请来自于办公时间之外。2013 年对 Funding Circle 借款者进行的调查发现，60% 的人在找到这家平台之前，曾经为了贷款而接触过银行；在被问到为什么这些银行申请没有完成时，最多的回答是申请过程所花费的时间太长。当我在 2013 年访问 Funding Circle 时，它平均需要 48 小时来审查借款者的申请。一旦借款者被列到网站上，仅需略多于 6 天的时间来为这笔贷款筹集资金。从那以后，这些时间无疑已经在缩短了。在银行，因为决策需要从一个部门跳到另一个部门，这个过程可能需要花费数星期的时间。

银行业也因“创新者的困境”，即保护现有收入流而不是发明可能更好的产品的愿望而被削弱。让我们把眼光从债务转向外汇，从 Zopa 的伦敦办公室向东北方到时尚的肖尔迪奇区。在肖尔迪奇区的一个翻新的茶叶仓库里，你可能会发现另外一伙雄心勃勃并对主流金融评价很低的人。拉普兰齐开创 Lending Club 是受其信用卡账单而激发；塔维特·辛里库斯（Taavet Hinrikus）则是因不同的原因而感到不满。

P2P 国际转账平台

在 2000 年代，辛里库斯从他的祖国爱沙尼亚搬到伦敦。他在爱沙尼亚仍然有欧元收入，但是他在伦敦的花费需要以英镑支付。将钱在他的爱沙尼亚银行账户和英国银行账户之间转账，会使他遭受沉重的手续费和不利的汇率损失。辛里库斯并非唯一面临这种境况的人。他的朋友克里斯托 • 卡尔曼（Kristo Käärmann）面临着同样的问题：卡尔曼在伦敦工作，获得的薪酬是英镑，但是他在爱沙尼亚有以欧元计价的按揭贷款要偿还。

因此，这两人决定互换货币让银行靠边站，他们直接将钱打入对方的账户：卡尔曼向辛里库斯的英镑账户支付英镑，辛里库斯向卡尔曼的欧元账户支付欧元。他们根据路透社发布的市场中间价算出适当的汇率，这已经为他们自己节省了数百英镑的兑换费。

辛里库斯这个穿着 T 恤衫、留着胡子、温文尔雅的爱沙尼亚人，看起来不像能给主流银行带来明显威胁的人。但是，他恰巧是 Skype 的第一位雇员，Skype 服务使你能在互联网上免费打电话。Skype 当时是基于一个“P2P”系统，在这个系统中，每个用户可以作为基础设施上的一个节点。同样的网络概念巩固了 TransferWise 的基础，TransferWise 是一家由辛里库斯和卡尔曼在 2011 年用他们自己的钱推出的旨在实现国际转账的企业。

TransferWise 平台放大和自动化了两位创始人之间的最初协议方法。用户指定他们想要汇出国外的金额，假设客户 A 想要将 1 000 美元的资金从美国转移到在英国的目的地。与此同时，TransferWise 在英国的客户提出类似的要求，要向相反的方向汇款。美国的客户将钱汇到 TransferWise 的美国账户，英国的用户将钱汇到 TransferWise 的英国账户。然后该公司可以从其本土账户中重新分配资金，而不必跨境传输，从而避免了手续费以及银行在外汇交易中的价差。

因此，对客户 A 来说，按照市场中间价汇率计算出等价 1 000 美元的英镑，然后从 TransferWise 的英国账户转出并转入客户 A 指定的账户。客户 A 汇给 TransferWise 美国账户的钱在美国的另一地方进行了等值交易（当不同市场之间的转账要求出现临时不均衡时，公司仍然可以用自己的账户来完成交易）。辛里库斯估计，在一笔跨境交易中，至少节省了被银行所攫取费用的 85%。

顾客们是通过口口相传发现 TransferWise 的。尽管 TransferWise 最主要的顾客是移居国外的专业人士，但是有许多生活在西班牙的英国退休者运用这个网站来获得他们的退休收入。随之而来的是企业顾客。这个网站在逐步积累其获得授权的国家名单，辛里库斯说，他们的目标是能够帮助人们实现钱的国际转移，无论人们想把钱汇到何处。TransferWise 计划帮助网上商家——在亚马逊、易趣等电商平台上的卖家——的海外顾客运用 TransferWise 来进行付款。

像 TransferWise 这样的初创企业无法完全避免监管。要在 TransferWise 上开设一个账户，你会被要求提供各种类型的文件以满足所谓的“了解客户”的要求，这些规则旨在避免洗钱。但是，TransferWise 仍然能够轻而易举地在速度上胜过银行：在这里跨境“转移”要花上一两天时间，而通过银行则需要高达 5 天的时间。

| P2P 借贷平台与银行既合作又相互竞争 |

更快、更廉价、更安全以及更高效是一个非常好的组合。银行对这些新公司，尤其是对像 Zopa、Funding Circle、Prosper 和 Lending Club 这样的放款者，应当有多担心呢？即使是 P2P 平台最为热心的拥护者们也不认为银行将会消失：银行的流程可能是缓慢的，但是银行能够动用非常多的钱。此外，银行还能进行跨境经营。从支付系统到简单的往来账户，银行提供了许多服务，这使得银行很难被取代。银行的分支在赢得业务方面仍然是至关重要的："地理位置仍然是你挑选分行时首要的和最重要的决定因素，"美国富国银行董事长兼首席执行官约翰·斯顿夫（John Stumpf）在2012年总结道，"此后，你可能在网上办理银行业务，也可能不会再回去造访那家银行……但是那个地理位置是你认为你的钱所在之处。"

银行的储蓄者可以即时存取他们的钱，这一事实也给银行带来了巨大的优势。Lending Club的模式是基于你的钱和被融资的贷款有相同的锁定期的理念。银行为存款者提供的则是完全不同的交易：你在想要的时候就可以获得现金。即便没有额外的存款保险计划的保障，按照专业术语，银行的这种"产生流动性"的能力在是银行尽管承担高额债务，但仍能相对低廉地为自己融资的原因之一。拉普兰齐表示，进入Lending Club平台的散户资金更多的是来自人们用于投资股票和债券的资金池，而不是来自他们在银行中持有的、随时能存取的现金。如果新服务意味着放款者在借款者偿还款项之前无法拿回他们的钱，那么新业务要为诸如按揭贷款等真正长期的贷款来融资将是非常困难的。使银行变得脆弱的期限转换，恰恰也是使银行在许多领域免受竞争的优势。拉普兰齐承认道："总会有一个地方能确保被保险的账户在损失收益率的代价下，可以获取流动性。"

上述新生事物将迫使银行积极应对。在所有的创新中，而不仅仅在金融中，一个老生常谈的话题是现任者想出真正具有颠覆性的新产品和服务时所面临的难度。如果你现有的产品正在获取可观的价差，那去创造另一个赚得更少的产品的动机就会被削弱。既然存在竞争者，银行就有更大的动机作出反应——买下或者推出银行自己的平台。的确，银行和新进入者最终将会是一种既合作又相互竞争的关系。假设一家银行不想承担一笔小企业贷款的全部风险，这或许是因为该银行在此企业贷款所处区域或行业中已有相对集中的问题暴露，但这家银行的确想要维持与该借款者之间的关系，于是它或许可以运用像 Funding Circle 这样的平台为这笔贷款提供一些资金。Lending Club 已经与美国的一些社区银行建立了合作关系，这些银行可以购买 Lending Club 的贷款，以便实现银行的贷款组合的分散化。

但是像拉普兰齐这样的人也有充分的理由担心银行。监管银行的机构可能迫使银行降低杠杆，这就意味着银行必须找到其他方式来提高银行投资者的回报。银行可以削减成本，但是很难想象银行的运营能够比初创企业更精干，而初创企业能够非常高效地扩张其规模。银行可以提高信贷成本，但是这样做只不过为像 Lending Club 这样的机构创造了更多可利用的机会。新平台在吸引机构资金的事实意味着新平台既能开始提供较长期的贷款，也能提供较短期的贷款。相比其他类型的投资者，保险公司和养老基金更会投资于长期项目。而且即使在匹配资金的模式下，流动性也可能比你想象的多。平均而言，借款者偿还贷款早于贷款的名义期限：美国按揭贷款的平均寿命为 7 年。平台也在缓慢地开发二级市场，在那儿，平台上的贷款可以被用于与其他投资者交易。拉普兰齐喜欢这样的想法，例如，将拥有 Lending Club 贷款的投资基金上市，这样一来，投资者可以持有该基金的份额，就像交易权益一样交易它。

| P2P 借贷平台的风险管理 |

很多事情将取决于这些新进入者如何管理风险，尤其在初创期间。尽管平台发挥市场的作用，资金的使用者和供应者可以在平台上交易，但是平台只能往后站，旁观所发生的事情。要记住 Lending Club 这样的企业必须吸引借款者和出资者。它吸引借款者的部分做法是提供比竞争对手更低的利率，而吸引出资者的部分做法是提供比其他资产更高的利率。这样平衡的做法意味着它必须牢固地管理风险和回报。收费太高的话，借款者将变得不感兴趣。收费太低的话，投资者可能会失去兴趣，或者因众多违约而承担损失的风险。

解决这个问题的办法之一是把事情交由投资者决定。平台主要针对的是有承诺能力的成人市场，这无疑是信任众人智慧的机会。Prosper 和 Lending Club 之所以能击败竞争对手，就是从这一信念起步的。Prosper 过去有一个拍卖体系，借款者标明他们想要支付多高的利率，放款者向借款者竞标以提供资金。但是大众并非总是明智的，许多贷款没有获得融资，原因是借款者不断地要求太低的利率。放款者也并不比借款者好：像其他的拍卖网站一样，Prosper 发现有一小部分人的目标是赢得拍卖，无论他们因此得到的利率有多低。

这类愚蠢不仅限于散户投资者。MarketInvoice 是一家位于伦敦的电子平台，它使得小公司能够在其平台上以折价卖掉它们尚未偿付的票据，它过去也进行拍卖。MarketInvoice 的投资者不是一般大众，而是高净值人士、家族办公室[①]以及特别基金。尽管如此，MarketInvoice 还是观察到了完全相同类型的行为，投资者决心无论如何都要将他们的资金配额投资出去，因此他们的投标折价降低到了微乎其微的水平。

Prosper 对拍卖体系的实验早就结束了。Prosper 现在会对借款者本人进行评估，并将借款者放入不同的风险档，每个风险档都有预先设定的利率。Lending Club、Zopa、MarketInvoice 等机构在做同样的事情。“信用是复杂的，需要的分析技能是个人投资者无法承担的。”拉普兰齐表示道。Lending Club 的首席风险官过去曾在摩根大通信用卡分部做着同样的工作。对于机构投资者来说，这样的分析也太像苦差事了。机构投资者手中有大量的资金要投资，它们的手法

① 家族办公室（Family Office）起源于 19 世纪富裕的欧美家庭，中文释义为“家庭办公室”，因其服务对象的特殊而更多地被译为“家族办公室”，是为富裕家庭管理财富的私人机构。——译者注

是具体确定每个风险类别的资金投入量，然后从远处静观其变。

平台也在承担确保放款者分散投资的责任。大型银行的债权人相信银行本身在向许多不同的部门和地理区域放款。银行本身应当分散经营。如果个人在直接放款，那么个人必须为自己来进行风险分散的工作。用一位 P2P 支持者的话说："你必须确保老奶奶懂得投资组合理论。"因此，平台已经开发了各种工具来自动地将投资者的资金分散投资到不同风险类别的借款者那里。将贷款证券化卖给投资者，是确保分散化的另一种方法。

其结果是，这些 P2P 平台在以微小但重要的方式演变得越来越像银行。P2P 平台已经在做它们自己的信用分析，并在为投资者提供分散化的投资组合来投资。一些平台有自己的准备基金，事实上，这模仿了保护放款者免受违约打击的权益的作用。RateSetter 是一家英国平台，该平台甚至实施了一个温和版本的期限转换，允许投资者的放款期限比被融资的贷款期限短。行业中的一些机构已经在探讨在它们的放款平台下设立一个往来账户的可能性，甚至有可能向它们提供存款保险。

这样的责任承担也带来了一定风险。随着 P2P 平台承担了常规银行的一些功能，可以预计，当借款者违约数量高于预期时，P2P 平台将遭受更大的打击。尽管 P2P 平台不是金融媒介，但是平台仍会让投资者的信心丧失。正如拉普兰齐所说的："次级按揭贷款危机起源于一连串的相关人士，他们各自承担着不同的决策。而我们发起、审批、定价和提供服务。如果贷款违约，责任就在我们。"

为了消除这种风险，平台因此有着强烈的动机，聚焦于信誉最好的借款者或者"优级"借款者。例如，Lending Club 追逐那些 FICO 信用分数高于 600 分的借款者，这是优级借款者的技术定义。这使得 Lending Club 可参与的市场规模从 8 500 亿美元的信用卡余额债务市场降至（区区）3 000 亿美元。当我见到 Funding Circle 的创始人时，发现 Funding Circle 筛除了那些借款历史不到两年的小企业；Funding Circle 的典型借款者大都是年营业额在 60 万美元或以上，有 8 位员工，并且已经经营了 10 年以上的企业。CommonBond 审慎地将业务集中在来自名校的高收入专业的大学毕业生和 MBA 学生。

这些企业所面临的问题是，它们能否在坚持自己的成功特色，特别是风险控制下继续增长。就目前而言，距离增长的天花板似乎还很远。但是在将风险提高一个等级的诱惑下，却没有对风险提高的合理收费。正如金融业中的每一个工具一样，P2P 最终将面临考验。金融业在次级按揭贷款繁荣中正是惨败于这样的考验。我们将要探讨的下一类金融创业者所专注的问题是，是否有可能为信誉不良的借款者提供更好的服务。

第 8 章

Smart Money
How High-Stakes Financial Innovation is Reshaping Our World—For the Better

普惠金融：触及边缘借款者的金融创新

|用大数据攻克发薪日借贷的难题|

道格拉斯·梅里尔（Douglas Merrill）属于那类典型的对金融业雄心勃勃的新型创业者。他没有金融背景，专业学的是计算机科学和数学：之前他曾是谷歌的首席信息官。他倡导“大数据”，利用储存跟我们所有人有关的大量电子数据来改善商业模式。他没有扎根于美国东海岸的金融中心，而是在洛杉矶另起炉灶。正是因为亲眼目睹了金融是如何令普通人失望的，梅里尔才创立了ZestFinance公司。

有一次，他弟媳打电话来向他借钱修补爆胎，梅里尔帮助她解决了燃眉之急，但后来问到她，如果他当时不在附近接听电话的话，她会怎么做。她回答说会去找一家发薪日借贷商（payday lender）求助。当时，他已经离开了谷歌公司，正在寻找下一个新的方向。发薪日借贷似乎完全符合他的诉求。

发薪日借贷是一个很大的行业：2012年，美国有2.4万个发薪日借贷经销店，而麦当劳餐馆的数量仅仅比1.5万家略高点。美国联邦存款保险公司

（FDIC）的一项调查发现，美国大约十二分之一的家庭，或者大约 1 700 万成年人，是“无银行账户的”，即他们没有活期存款账户；另有五分之一的家庭有账户，但是也运用其他金融替代品——发薪日贷款、支票兑现服务、当铺等。

关于发薪日借贷的弊病已经是老生常谈。当人们有现金需求时，最好是去找有实体店的商业机构借贷，而不是去找拿着棒球棒的高利贷者。尽管敛财的放贷者无处不在，但是更深层的问题是，即使好的放款者，也会因为需要覆盖运营成本和承担向低收入借款者发放无担保贷款的高信用风险，而最终也会以高利率放贷的。这可以很轻易地将那些仅为弥补现金短缺的短期贷款变成一个长期的债务问题。2013 年美国消费者金融保护局（Consumer Financial Protection Bureau）的一项调查发现，发薪日借款者中有将近一半的人在一年里借款超过 10 次，14% 的人在一年里借款 20 次或者更多。发薪日借款者一年中处在负债状态的中值期限为 199 天。

梅里尔坚信这是一个自己很有资格来解决问题的机会。“人们不知道如何审批贷款，”他说，“他们无法搞清楚人们能否还款，因此他们假设没有人能做到这一点，于是定价就会很高。这是一个数学问题。”他创立了 ZestFinance 来改善贷款审批的质量，以便发薪日放款者不必收取那么高的利率。

在信用评分中，被用得最多的技术或许就是逻辑回归技术了。该技术被用于通过追踪诸如年龄或收入等某些“自变量”与最终付款结果（“因变量”）之间存在的关系，来预测一笔贷款产生问题的概率。这种技术通常运用较少的自变量来评估借款者违约的概率——可能少到只运用 10 组数据。当其中一组数据缺失时，就会导致麻烦。对于那些被排斥在正规的银行体系之外的人来说，这种情况更有可能发生。 突然之间，这种模型会急需大量的信息支撑，以便作出预测。其中一种选择是为所缺失的数据组假设一个值，并仍然让模型快速运行。但在信用风险已经很高的时候，发薪日放款者则倾向于或者完全拒绝某人的申请，甚至更进一步地提高利率。

梅里尔认为，解决这些问题的方法是找到更多的数据。运用网络跟踪器来记录某人阅读公司条款与细则时的认真程度，并将之作为一个变量，来审视想要借款的人对待事情的认真程度。把各项数据连接在一起也很重要。手机号码的反复变动可能表明某人是电话合同的连续违约者，或者可能意味着某人因为季节性的工作而经常搬家。将电话号码与邮政地址之间的点连接起来，就可以提供如此重要的额外信息。

通过在互联网和数据库中搜索申请者的信息，ZestFinance 的贷款审批模型利用多达 1 万个的变量，这些变量之间就会产生 7 万个“信号”。而每一个信号都通过 10 个机器学习模型来进行观测，这些模型从略微不同的角度来审视其信用可靠程度：一个模型可能关注违约的概率，另一个模型则关注收回未偿付债务的概率，以此类推。最后，所有这些观点通过高阶平滑形式（a high-power form of smooshing）的“汇总”，形成一个最终的分数以用于放款的决策。

当然，这些数以千计的变量并非同等重要。但运用大量的变量意味着模型是可以通行的，即使遗漏了单个变量——没有哪个变量是至关重要的。同样的情况也适用于非精确度的测试：有数量惊人的申请者在官方记录中却显示为身故。那种“即便看起来与信誉度完全不相干的信息，也会对放款者有用”的理念是支撑如此庞大数据集的基石。例如，ZestFinance 已经发现，那些以不同的形式打出自己名字的人（即在那些把名字的首写字母打为大写、其他字母打为小写的人，那些把名字的所有字母都写成大写，以及只用小写字母的人）在付款结果方面有轻微的差异。结果发现，那些把他们名字的首写字母写成大写、其他字母写为小写的人更有信誉。梅里尔猜测，这些人属于那种在他们不必遵守规则的情况下依然自觉守则的那类人。ZestFinance 的算法完全能够找出类似的关联性来。

道格拉斯·梅里尔并非仅有的一位试图为那些被主流金融业所边缘化的人发现新的服务方式的人。Wonga 是一家英国公司，也运用数据来快速放款。该公司很具争议性——在 2013 年，它卷入了一场有关发薪日借贷的荒谬争论中，涉及坎特伯雷大主教——但是该公司的增长非常迅速。2013 年，公司就实现了利润 4 000 万英镑。

为穷人提供的金融信贷解决方案

另一个增长领域是预付卡。消费者可以把钱存入预付卡中，然后用来购物，而不需要银行账户。麦凯德国际咨询集团（Mercator Advisory Group）预计，2015 年美国人向预付卡存入的美元总金额将在 3 900 亿美元左右，是 2006 年的 10 倍以上。“微金融”的概念是指小规模地向穷人提供金融服务，这个概念的先驱者是一家名叫格莱珉银行（Grameen Bank）的孟加拉信贷机构，格莱珉银行从 20 世纪 70 年代开始起步，最初是向一个名叫乔布拉（Jobra）的小村子里的女性提供小额贷款。格莱珉银行的创始人（也是诺贝尔奖得主）穆罕默德·尤纳斯（Muhammad Yunus）目前已经将格莱珉模式带到了美国。

自 2007—2008 年危机后，这类冒险企业所面临的环境已经变得更加广阔了。社会上被边缘化的人总是发现难以接近主流金融，近年来，情况变得更加糟糕了。造成这种情况的部分原因是更多的人处在资金困难的境地中，而另一部分原因是由于服务在次级房贷市场所留下的烙印，以及金融机构所面临的更为严厉的监管环境。

在美国，《2009 年信用卡问责及信息披露法》[*2009 Credit Card Accountability, Responsibility, and Disclosure（Credit CARD）Act*] 降低了信用卡的利率升幅和滞纳金。美国消费者金融保护局正在察看透支费和预付卡市场。作为在 2010 年 7 月通过的《多德—弗兰克法案》(*Dodd-Frank Act*)的一部分,《杜尔宾修正案》(*Durbin Amendment*)为借记卡的交换费设定了上限。交换费是商家支付的佣金。再加上持续的低利率已经在侵蚀银行的净息差，咨询机构奥纬咨询(Oliver Wyman)估计，美国的银行在 37% 的消费者账户上会有所损失。富人们由于自身账户余额更多，以及使用像投资咨询等利润丰厚的活动的可能性更高，因此仍然可以在这样的环境下用钱买到他们想得到的东西。但是为穷人提供银行服务的经济意义远远不如过去那么有吸引力了。

当然，还有来自住房危机的后遗症。正如创业者可以运用他们的住房作为抵押品为企业融资一样，穷人也可以运用住房来获得信贷。据纽约联邦储备银行称，1999 年至雷曼兄弟崩溃的 2008 年第三季度末期间，美国消费者欠债权人的金额从 4.6 万亿美元升至 12.7 万亿美元。按揭贷款和房屋净值信贷额度占据了这一增长中的 6.7 万亿美元。

金钱曾冲刷了信誉可靠度较低的借款者。芝加哥大学的阿蒂夫 • 米安(Atif Mian)和阿米尔 • 苏菲(Amir Sufi)的一项分析研究了相对不同区域的按揭贷款信贷资金的流向。他们先识别 1996 年特定区域内的按揭贷款申请拒绝率，然后检查了 2001—2005 年同样区域内的变化，他们发现，信贷不成比例地流向了此前已经拒绝了申请者的地区——尽管事实上这些地区有比其他地区低的收入和就业增长。按揭贷款增长受到了低信誉度借款者的驱动。

家庭一旦拥有住房，可以通过房屋净值贷款来释放甚至更多的信用。纽约联邦储备银行 2013 年的研究显示，平均而言，住房价格每上涨 1%，房主就会将他们的按揭贷款债务提高 1%。只要房主的房屋净值的价值增值，房主就会将它变成债务。

然而，所有这些都已经发生了改变。按揭贷款和资产增值抵押贷款(equity

withdrawal）不再像以前那样可供自由地选择。其他形式的信用（学生贷款除外）也受到了抑制。在 2008 年 9 月至 2012 年 9 月期间，美国家庭债务下降了 11%，达到 11.3 万亿美元，一部分原因是冲销（write-offs），另一部分原因是更多的储蓄和更严格的信贷标准。其所带来的影响是社会低收入成员的选择更少了。

梅里尔的创业以及其他尝试将资金输送给银行不常触及到的借款者那里，对金融整体提出了一个真正的大挑战。信贷究竟应当如何抵达边缘借款者，那些正处在金融体系临界点的人们呢？危机前对这个问题的回答基本上是回避。通过住房渠道向穷人放款，仅仅是让银行对抵押品下注，而不是对人下注。只要房价继续上涨，这个逻辑就说得通，处在困境中的借款者可以再融资或者卖掉房子。如果发生违约或者房子被收回，银行可以期望从房产的出售中赚到足够的钱来保本。

需要明确的是，像 ZestFinance 和 Wonga 这样的机构并没有重演次级按揭贷款的繁荣。它们从事无担保放款，不能依赖抵押品来提供安全保障。而其中的金融化学元素（financial chemistry）也会表现得更为稳定：按揭是长期贷款，而它们提供短期贷款。这类放款者并不用零售存款来为自己融资。目标也是不同的：次级按揭贷款给予人们改变生活质量的希望，而梅里尔的目标则更为朴素，只是维持人们现有的生活质量。尽管如此，它们效仿了按揭贷款行业——即信用产业化，因为对数据的处理使得放款者能够对高风险的借款者做出快速的决定，甚至连双方见面握手都不需要。

同时，这也让许多人感到困惑。银行的许多批评者恋恋不舍地回顾着金融的黄金年代：那时，银行经理是通往信贷的通道；那时，个人判断压倒了充斥着方程式的模型。那是一个保守主义和正直的世界，纳税人可以舒适地睡觉，银行家更像吉米 • 斯图尔特（Jimmy Stewart），而不是戈登 • 盖柯（Gordon Gekko）。自此，现代金融已经发生了演变，机械过程取代了分散的判断，非关联交易代替了关系间贷款。在互联网上，你可以不用跟任何人交流而在数分钟内申请到贷款。由于证券化，你的按揭贷款可能不再被向你放贷的银行所拥有。向你放贷的风险可以基于数学公式进行对冲。

|对基于关系的借贷方法的撼动|

初看起来，似乎难以撼动基于关系的借贷方法。银行对一个借款者越是了解，越有可能在第一时间做出适当的信贷决定，并在此后维持这种建设性的伙伴关系。典型的例子是取得了令人艳羡成功的瑞典商业银行（Svenska Handelsbanken）。瑞典商业银行运用被它称为“教堂塔原则”的模式安然度过了金融危机。这个原则的理念是，银行支行经理所负责的业务范围不应当超过他们从教堂塔尖所能看到的区域。决策被最大程度地去中心化，分行做出所有的信贷决定，并且没有任何一个详尽的预算任务等着他们去完成。顾客绝不会在客服中心的电话等候线上耗费时间，他们总是会打电话给他们叫得出名字的银行职员。这里也没有所谓的奖金激励文化。如果瑞典商业银行达到了净资产收益率的目标，那么利润的一部分将被转移到该银行的最大股东——该银行的养老金计划。而这所有的一切都是属于友善的瑞典人的。

但是，那些提供个性化服务和关系型的银行却是很昂贵的。瑞典商业银行的模式之所以奏效是因其在所接纳的顾客类型上有所选择。瑞典商业银行自信地认为，那些经营大众市场的银行会发现它们银行的模式是难以被模仿并获利的。

无论是对与人互动还是对模型而言，这都是具有危险性的。阿尼尔·斯托克（Anil Stocker）是英国 MarketInvoice 平台的联合创始人之一。小企业可以在 MarketInvoice 上将它们的未偿付票据折价出售给投资者；截至 2014 年年末，该公司已经处理了近 3 亿英镑的融资。与小企业将其所有的票据出售给一家资金供应者的应收账款保理不同，斯托克的业务使得企业能够出售单独的票据和票据的一部分。相比其他方式，企业能更快地获得现金，当票据被偿付时投资者获得回报。斯托克年轻而不安分，且引人注目，他曾是雷曼兄弟公司的雇员，这是他初次创业。尽管票据的最终付款者是别人，但是正确评估转让票据的小企业的风险则是他的业务的关键之处。当企业破产时，票据是不太可能被偿付的。斯托克不会允许他的风险团队与小企业进行面对面的沟通，他想要基于硬数据而不是基于软性指标来筛查它们。"你要是开始听他们讲故事的话，那他们准保有一堆故事可讲。"他以一个过去太容易轻信他人的过来人的坚定口吻说道。Wonga 的创始人埃洛尔•戴麦林（Errol Damelin）赞同斯托克的观点道："不要听信银行鼓吹它们擅长做出信贷判断。人类并不擅长做基于逸闻轶事的、印象派的判断。"

对关系的依赖不仅对放款者有害，也对借款者不利。一项对意大利透支的分析发现，相比由男性所拥有的企业，银行对给予自雇（self-employed）女性和由女性拥有的微小企业的信贷额度会系统地收取更高的利率。事实上，女性所拥有的企业的失败率要低于男性所拥有的企业。而现在情况变得更加糟糕了。当借款者被要求提供担保人时，这反映出了更高的风险期望会导致平均利率的升高。但是有男性担保的意大利女性发现她的贷款利率被降低了，而不是升高了，而由女性提供担保的女性被银行视为最糟糕的客户，一个令人头晕目眩的风险毒素正在酝酿而生。因此很难通过对传统银行体系的病垢，得出用机器来判断风险会更为糟糕的结论。

|鼓励穷人储蓄的金融创新|

大数据并非是唯一对穷人施以援手的工具。行为金融学也能够帮助到穷人，行为金融学运用心理学知识来理解人们是如何与钱打交道的。就像一家企业一样，每个人都有一个属于自己的资本结构，其中包括他们的借款金额以及他们能够赎回的权益金额。两者之间是密切相关的：他们所拥有的现金越多，那他们求助于发薪日贷款机构的可能性就越小。但是一大批人没有任何积蓄来保护自己以免受意外支出的打击，这也正是道格拉斯•梅里尔的弟媳在需要更换她的轮胎时所面临的问题。2012 年，一项关于美国个人财务的调查询问受访者，如果发生意外的需要，他们有多大信心能够拿出 2 000 美元来，近乎 40% 的人在紧急情况下无法拿出这个数额的钱。如果碰到生病或者失业的话，近乎三分之二的受访者手头无法存有 3 个月应急资金来渡过难关。

这个问题的答案是显而易见的，那就是人们需要更多的储蓄。但要做到这一点却实属不易，即使是那些有着丰厚收入的人也常常未能储蓄足够的钱。因此，人们对于运用一些行为上的推动越来越有兴趣，例如，鼓励人们把更多的钱投入到养老金计划中，鼓励低收入家庭进行更多储蓄的做法。其中的创意之一就是，运用社会激励的力量，通过将来自轮转储蓄与信贷协会（Rotating Savings and Credit Association，ROSCA）这一古老想法，移植到到互联网世界中，以鼓励人们储蓄。ROSCA 是为储蓄和借款而结合在一起的一组人。这一协会的每个成员在每次碰面时交出一小笔钱，每一名成员在这一团体的存续期间内，会被随机抽选出来，一次性接收全部的储蓄资金。如果有 10 个人同意每人每星期存下 20 美元，那么每个人在为期 10 周的期间内，都将会在某个时间内获得 200 美元。这个体系的部分优势在于算法上：小组成员达到他或她的储蓄目标的速度会比他们独自储蓄快两倍。但是这种安排也是属于行为学的范畴，这种社会联系的力量意味着违约率（也就是说，即使你已经把一星期的共同资金拿回家，你也会履行继续储蓄的公共承诺）非常低。

ROSCA 模式在新兴市场运作得非常好：在银行体系不发达、现金为王的市场里，ROSCA 模式极其常见。但是 ROSCA 模式也有着高科技的未来。一家名叫 ClearStreet 的硅谷初创企业想把这一模式搬到网上，用一个应用程序使得人们能够加入一个网络储蓄圈子，在这个网络储蓄圈子里的每个成员做出同样类型的承诺，把储蓄存入一个共同的资金池里。这里所面临的挑战将是在虚拟环境中要复制真实世界关系的力量。对于生活在同一个村子里的人违约所带来的社会成本显然高于对陌生人违约的成本。金姆•波列斯（Kim Polese）是 Java 公司的原型产品经理，被人们视为真正的硅谷出身，她是 ClearStreet 的董事长。她承认了上述问题。她的计划是把现有的社会关系搬到线上。基于信仰的组织，其膜拜者已经属于社团，这无疑是测试社会圈子能否在互联网世界中存在的出发点。

从旧金山市中心的一个小办公室起步，初创公司 Ready for Zero 公司创始人罗德•易卜拉希米（Rod Ebrahimi）和伊格纳西奥•塞耶（Ignacio Thayer）也在利用行为学的理论知识帮助人们管理财务。这家公司帮助消费者将他们所有的财务账户集中起来，并为他们设立降低其债务的目标。像许多初创企业一样，Ready for Zero 的创立是源于主流金融没有妥善解决个人问题。易卜拉希米的女友已经背负了数千美元的学生债务，她向易卜拉希米寻求如何着手降低债务的建议。最初他给女友提供的解决方案可能只是一张制作粗糙的电子数据表。但是，易卜拉希米不愧是从事云计算工作的，而塞耶则是谷歌前雇员，他们马上意识到了这背后更大的商机。学生债务的未偿还贷款规模超过了 1 万亿美元。美国大约 70% 的家庭至少拥有一张信用卡，2010 年，有超过 50% 的家庭持有平均 12 900 美元的付息债务，从一个月转到下一个月，每月利息将超过 140 美元。

Ready for Zero 不仅向消费者展示了他们的信用卡、学生贷款余额和其他债务的欠款总额，还为他们定制了一个使个人债务下降的偿付计划。尽管作为这个网站基础的技术和数学给人留下了深刻的印象，但是在这一商业模式中真正起关键作用的是行为学。通过建立从账户自动付款的机制克服了惰性问题。当用户账户上有大额资金入账时，系统就会督促他们偿付更多债务，以帮助他们应对非理性折现（hyperbolic discounting）的问题，这是指那些本想偿付债务的人在获得收入的当周就会冲动地花光薪水的倾向。一个显示还款目标进展的条形图为消费者提供了简洁而又具有视觉化的线索以鼓励其好的行为：塞耶强调了这在激发用户方面的重要性（我们在本书第 5 章中所提到的产品——罗伯特·默顿的智巢——也运用视觉化来传递人们的进展情况：智巢的特色是用一张速度表来显示达到目标退休收入的概率）。

另一个可以被用来增加储蓄的行为学杠杆是各种令人炫目的奖励措施，以作为储蓄的回报。人们喜欢买彩票。2008 年，美国的 42 个州以及哥伦比亚特区发售了州彩票，带来了大约 600 亿美元的销售额，相当于全美每个家庭购买超过 540 美元的彩票。同一年，每个美国家庭平均花费在所有乳制品上的支出为 430 美元，花费在酒上的支出为 444 美元。造成这种购买彩票狂热的一个原因是彩票有悬念，增加了刺激感，而另一个原因是我们无法很好地计算概率。尤其对于较为贫穷的消费者来说，彩票可能看起来是最为现实也最为公平的通往意外之财的道路。在美国推出的州彩票，与低收入家庭的非博彩相关支出减少 3% 是有关联的。

问题是这种对彩票的热爱能否被用来达到建设性的目的。19 世纪推出的权益投资者的有限责任——这意味着股东的损失不会超过他们用来购买股票的钱——是一个如何能够重新分流购买彩票冲动的例子。由于其他原因，有限责任是现代权益市场发展中至关重要的一步，但是“赢得”比最初的赌金大许多倍的头奖而不必担心相应的下跌可能性，帮助培育了公众对股票市场投资的接受。同样的功能也可以被用来鼓励更多的储蓄。

彼得•图法诺（Peter Tufano）曾是哈佛商学院的学者，他现在是牛津赛德商学院（Said Business School）的院长。除了撰写有关金融创新的文章之外，图法诺也是一位实践者。图法诺尤其关注如何鼓励穷人增加他们的储蓄。低收入消费者是一个对银行没有多少吸引力的市场。年收入 1 万美元左右的家庭不会去获得按揭贷款或投资权益，而这些都是放款者赚大钱的领域。

2000 年，图法诺创立了一家位于波士顿的非营利组织 Doorways to Dream（D2D）基金，旨在实践鼓励穷人储蓄的方法，包括整理有关让储蓄看起来更有吸引力的行为学理论知识。图法诺也意识到使得银行远离边缘客户的问题——收入无法覆盖成本，任何新产品都需要解决这个问题。尤其是，这里的窍门是使获取客户的成本保持低水平。图法诺及其同事们从对彩票自然而巨大的需求中看到了一个潜在的解决方案，即通过向那些储蓄的人提供奖金，来吸引客户。

有关与奖金挂钩的储蓄的想法并不新鲜。例如，在 17 世纪 90 年代对彩票的狂热席卷了英格兰，政府迅速利用了彩票的潜力。百万冒险（Million Advanture）是在 1694 年发行的彩票，以为政府的军事开支筹集资金：当时发行了 10 万张彩票，每张的价格为 10 英镑，其中 2 500 张彩票会带有奖金，奖金从在 16 年里每年支付 10 英镑到每年支付 1 000 英镑不等。百万冒险也是一个储蓄倡议：它向彩票持有者每年支付 1 英镑的利息，直至 1710 年。尽管 10 英镑在当时是一笔可观的金额，但是人们组建了辛迪加，这使得低收入的人能够凑份子买彩票。据估计，由此这种彩票吸引了数以万计的参与者。

与奖金挂钩的储蓄计划在今天仍然很常见，至少在美国之外的地方是这样的：拉美的商业放款者提供与奖金挂钩的账户；瑞典债务管理局（debt office）发行彩票债券，投资者放弃利息，但是可以获得奖金；英国的“有奖债券”（Premium Bonds）为储蓄者所投资的每一英镑提供了一个独一无二的数字，每一个数字都是在每月抽奖中的一次获胜机会。

图法诺及其同事认为，也应当在英国尝试这种类型的计划。2009 年，D2D 基金在密歇根州（是美国少数没有禁止私人彩票的地方之一）推出了一个与奖金挂钩的储蓄产品。该产品名为“储蓄赢大奖”（Save to Win），是由信用合作社（credit union）发售的，该产品既提供年度奖金，也提供小额的月度奖金，以便储蓄者有频繁的获奖概率。信用合作社是一种金融合作组织。储蓄者在该账户里每存入 25 美元，将获得一张彩券，每月最多可得到 10 次。同一产品的不同版本已经在美国内布拉斯加州、南卡罗来纳州和华盛顿州相继推出。希望 D2D 基金最终能够通过州彩票体系发售该产品。自推出该计划以来，超过 5 万名成员已经储蓄了超过 9 400 万美元的金额。这个数字可能听起来不多，但是对于低收入家庭来说“多”是一个相对的概念；业内人士称有迹象表明，这些都是新增的储蓄。

| 对小企业施以援手的金融方案 |

个人并非唯一的边缘借款者。如同那些缺乏体面的信用历史的个人一样，小企业常常会因为缺乏数据而难以被评估。同时，小企业也往往因更容易受到金融冲击的打击，而给放款者另一个避之的理由，并且因为小企业的借款规模相对较小，所以它们常处于那些有信用评估能力但只想进行大笔投资的机构投资者的视线之外。因此，这些小企业成为银行的完美业务来源。其他还有哪个机构具备深入地方社区的实体基础设施以及分析信用度的专长呢？然而似乎没有人会对银行提供的服务感到满意。小企业融资难的问题早在 2007—2008 年危机之前就已存在。银行的成本基数大，因此他们总是发现，发放一笔 100 万美元的贷款比发放一笔 50 万美元的贷款更具有成本效益。银行往往热衷于抵押品，而许多企业没有抵押品可以提供。在过去，企业可以利用它们的房屋净值，但如今这已不再是一个选项了。因为小企业主往往从一开始就会运用个人借款来为他们的企业融资，等到他们需要从银行借款的时候，却发现自己的信用分数已经下降，放款者已经开始对他们唯恐避之不及了。

自从金融危机发生以来，情况已经变得更加糟糕。在风险厌恶的时期，放款者更倾向于较大的企业或者有抵押品的顾客。当资本规则变得更加严格时，将放款投向那些资本要求不那么繁重的项目无疑是明智的，这就意味着他们更倾向于向房屋按揭贷款，而不是向小企业放贷。银行惜贷的问题在欧洲尤其严重，银行在欧洲主导了信贷供应，在危机前，银行估计占据了欧洲 80% 的金融市场。对于数据稀缺性的问题，数据专家有一个众所周知的办法。通过从各种渠道中搜集信息，数据专家认为他们能够建立对一家小企业健康状况的实时精准感应。

OnDeck（前身是 OnDeck Capital）公司于 2007 年在纽约成立，它只需花费数分钟时间就能向小企业发放贷款。OnDeck 强烈地摒弃面对面接触的银行模式。“那往往代表了一种不同的世界观，”该公司的首席执行官诺亚 • 布雷斯洛（Noah Breslow）表示，“那是因人而做出的决定，他们认为应当给你放款仅仅是因为你认识他们的姐夫，而不是因为数据而做出的决定。”OnDeck 会让潜在的借款者填写一张在线表格来申请贷款，然后从所有可能的地方收集信息：不仅仅是通常的个人和企业信用分数，也包括在线银行交易和余额、向供应商的付款，以及公开记录如餐馆的公共健康评级等。像 ZestFinance 一样，OnDeck 不仅审视绝对价值，也考察数字的变化率，以便提供对企业成长轨迹的精准感知。

OnDeck 只向那些已经经营了一年或更长时间的企业放款——比这年轻的企业所拥有的数据踪迹实在太少，但是 OnDeck 仍然必须能够发觉微弱数据的踪迹，尤其如果这是一家第一次申请信贷的新企业。社交媒体能够发挥其边际作用：如一家在点评网站 Yelp 上有 80 个评价的餐馆，显然还在经营业务，而一家只有 3 个评价的餐馆就并非如此了。随着 OnDeck 的打分算法变得更加智能，评估也随之变得更加容易。OnDeck 通过识别数据中的聚类数据来判断信誉度的模型，有点儿像亚马逊网站的推荐算法，能认出买家把什么类别的东西放入他们的在线购物车。OnDeck 也运用机器学习来改进其分类。例如，标准的征信局可能将一家汽车修理店与一家汽车经销商归为同一行业。因为 OnDeck 对于贷款给车身修理厂的热情远远高于贷款给经销商，这个模型被训练成基于一些诸如企业名称的东西来做出更精细的判断。大银行已经认识到了这一方法的潜力：它们已经在运用 OnDeck 的打分模型来重新审视它们无法确定的借款者。

OnDeck 不仅能够迅速做出贷款申请决定，也能更快地对现有借款者所处的环境变化作出反应。OnDeck 运用一个微型付款模型，在这个模型中，每个工作日付款都被自动地从借款者的账户扣除。布雷斯洛声称企业并不介意这种做法：避免在月末的大额付款实际上有好处。此外，这意味着布雷斯洛能够早早发现有谁是否陷入了困境。布雷斯洛引用了一家座落在仅有两家雇主——一个制造商和一所大学——的小镇上的比萨饼店为例。这家制造商在夏天破产了，但是 OnDeck 能够迅速重组债务结构直至这所大学新学期开始，学生们返校大口地吃着比萨饼为止。

阿尼尔·斯托克对于他的企业能够通过数据发现问题的能力很自信：MarketInvoice 所寻找的事件之一就是公司董事的离开，因为陷入困境的企业董事通常有动机撤销公司的注册登记，以避免自己在发生倒闭时承受任何责任。当然，在有数据出现的地方，人们也会出现对隐私的关切。另一家新放款机构的首席风险官充满渴望地谈到，如果知道董事们的婚姻是否稳定该有多好呀！因为家庭中的麻烦可能会带来工作上的麻烦。OnDeck 和 MarketInvoice 都不是最廉价的资本来源，但是其有效性、速度以及便捷性往往比价格更为重要。Kabbage背后的商业案例恰好证明了这一点。Kabbage是一家总部在佐治亚州亚特兰大的数据驱动在线放款机构，它专门从事向那些在诸如亚马逊和易趣等在线平台上出售商品的零售商提供营运资金。如果一个零售商能够迅速获得预付款并将预付款迅速变为回报，那么多付一点儿钱也不失为一个理性的决定。企业并不想看到准备了大量的文件，却最终被拒绝——用术语说，就是“缓慢地说不”。

像其对手一样，Kabbage通过探究新的数据来源来评估其借款者的业务状况。例如，Kabbage与UPS有合作关系，这使得贷款申请者能够让Kabbage看到它们装运货物的数量；即使像箱子尺寸这样的信息也是风险评估的有用参考。Kabbage已经与财捷集团达成了类似的协议，使得Kabbage能够获得准许进入会计程序QuickBooks上的小企业数据库中。就像点彩派画家（pointilliste）绘画里的点状小笔触一样，每一点数据创造了一个更有力的总体印象。Kabbage能够处理eBay上商品卖家的申请，并在数分钟之内就能看清楚这个零售商运用UPS的活跃程度以及一星期的交易量，从谷歌Trends网站上来推测网站流量的趋势，并通过QuickBooks考察该零售商的账户。“数据内容是秘密武器，”Kabbage的董事长马克•高林（Marc Gorlin）表示，“我们在乎的不是时间点，而是时间点之间的空间。如果我能从工资名单数据中看到两家企业都有10名雇员，但其中一家企业在一个月前有20名雇员，而另一家企业一个月前只有5名雇员，那么其中一家显然比另一家处在更有利的地位。”当然，任何模型都可能得出糟糕的答案，但是这次感觉与次贷繁荣时的简单常规法则放贷完全不同了。

为小企业提供另类融资的竞技场只会变得越来越拥挤。像PayPal和亚马逊这样的公司已经在向那些运用它们平台的零售商提供信贷。Alibaba.com相当于中国的亚马逊，正在做同样的事情，而且这种做法具有变革的潜力。布雷斯洛对未来的设想甚至更为激进："我们希望最终达到你根本不用申请信贷的地步。相反，你会登录一家银行的网站或者一个销售点页面，看看是否有信贷能提供给你，然后只要点击它就行了。"

次贷危机使得为信誉度较低的借款者服务的理念受损。但使那些被与信贷隔绝了的人和企业获得信贷，正是金融创新者应当抓住的挑战与机遇。如何解决边缘借款者的问题往往不在许多主流机构的考虑范围内，但它们也是最容易受到新技术应用和行为学洞见的影响。然而，正如我们在本书第 2 章所看到，随着时间的推移，创新的思维能够导致非常坏的结果。市场变得更大，人们变得更加自鸣得意，风险在不断增加，直至它们能够压垮整个体系。第 9 章也是本书最后一章，将审视金融如何更好地管理巨大的风险，包括金融自身产生的风险。

第 9 章

Smart Money
How High-Stakes Financial Innovation is Reshaping Our World—For the Better

尾部风险：为灾难的概率定价

|灾难预测算法大师|

就戈登·沃（Gordon Woo）的工作而言，已经无人可超越了。沃是一位劫数难逃论者，他的工作是思考尾部风险，即在事件的正态分布之外所发生的并潜伏在概率长尾处的那类大型风险。更确切地说，他的工作是思考灾难。地震、飓风、恐怖袭击以及流行病都是他研究的原材料，计算灾难概率以及灾难可能导致的损害的模型是他为客户所设计的产品。

沃有着物理学家的背景、学者的气质和外貌。他所处的世界是一个令人毛骨悚然的世界。沃是一位藏在风险模型背后的人物，这个风险模型算出了在 2006 年的德国世界杯上发生大规模恐怖袭击的概率。国际足联是全球足球的管理机构，想投保以对抗此次赛事被取消的风险；唯一可能导致整个比赛被取消的事件是恐怖袭击。沃的工作就是对这一事件的可能性进行量化。

除了其他方面外，这意味着有条不紊地算出恐怖组织引爆某处核设施的概率。坏消息是，沃根本不怀疑恐怖分子部署这类武器的意愿。好消息是，他认为恐怖分子获得和部署一枚核弹都将需要许多人协同工作，这样使情报机构更有可能发现他们的踪迹。

沃的工作要求他思考几乎每一种可以想得到的灾难。在我们初次见面的前几天，一颗陨石进入了俄罗斯上空的大气层，并在车里雅宾斯克地区空中爆炸，造成了多达 1 500 人受伤。在车里雅宾斯克爆炸的物体是自 1908 年通古斯大爆炸发生以来进入地球大气层的最大物体。1908 年，一颗陨石也撞到了俄罗斯，摧毁了估计 8 000 万棵树。陨石撞到德国的概率是沃在设计世界杯风险模型时思考的另一件事，但是他最终剔除了这一风险。一些事件的概率（比如英格兰赢得世界杯的概率）太低了，无法被适当地评估。

沃在一家名叫风险管理解决方案（Risk Management Solution，RMS）的公司工作，该公司是世界专门从事灾难建模的三大公司之一（另外两家是 AIR Worldwide 和 Eqecat）。在新兴的“保险连结证券”（insurance-linked securities）市场，这样的公司无疑起着举足轻重的作用。“保险连结证券”是一种金融产品，帮助保险公司、再保险公司与管理全球最大资金的资产管理人共同承担非常巨大的索赔风险。

自然灾害是这个行业的核心业务。这类模型能够计算出在东京发生地震、飓风在佛罗里达州登陆以及冰雹在欧洲砸坏汽车的危险。这类模型不但能计算出某一种量级的事件将要发生的可能性有多大，也能计算出这样的事件会给保险公司带来多少账单。

20 世纪 80 年代后期之前，自然灾害所导致的损失不是保险公司关注的问题。刚刚过去的岁月麻痹了保险公司，尤其是在 20 世纪 70 年代和 80 年代这段出奇的平静期，几乎没有发生过导致发达经济体大规模保险损害的自然灾害。一个没有灾难的世界被看成是常态。

| 巨灾债券的诞生 |

1989 年，随着雨果飓风袭击美国东海岸，这种感觉开始改变。但是给这个体系带来真正冲击的是安德鲁飓风，安德鲁飓风在 1992 年横扫了美国佛罗里达州和南部其他洲，估计造成了 230 亿美元的损失。保险业的理赔能力遭到了严峻考验。若干保险公司最终申请破产，并且依赖再保险公司资源的策略看起来比许多人原来认为的要脆弱。再保险公司是给保险公司提供保险的公司。

可以把这个策略想象成有点儿像香槟塔——你在巡游和华丽的婚礼上看到的由香槟酒的杯子搭成金字塔形的多层杯塔。一旦倒塌，损失将首先从金字塔的顶层开始，而投保者就好比处在这一层。比方说，那些在地震被损坏的房产的房主将以保单免赔额的形式承担这其中的一些损失。余下的索赔将溢出到下一层，即保险公司。这些保险公司将承担其中一些损失，但又不想让自己在这样的大事件中承担所有的风险。因此，保险公司会通过让高于某一量级的风险落到下一层级的参与者——再保险公司身上，以分散一些风险。

安德鲁飓风灾难显示出，损失也可能大到足以压垮再保险公司。这里需要的是香槟塔中的另一层级来承担一定规模之外的损失。这意味着找到与最近的资金池——资本市场——共担风险的方式。

这个问题的答案就是巨灾债券。巨灾债券的基本概念非常简单。一家再保险公司或者保险公司向投资者发行一笔债券。投资者所投资的钱被妥善地处置，投入诸如政府债务等安全资产。投资者获得一张息票（利息支付），并在该债券的期限（通常在 3 年到 5 年之间）的期末，收回他们的资金，但这只是在没有发生触发向债券发行者支付现金的自然灾害情况下才如此。反之，如果发生了触发事件，现金将被转让给巨灾债券发行者，损失将流到香槟塔的下一层——投资者身上。

当然，在自然灾害发生时，再保险行业是否有能力应对一次大额索赔并不是其需要优先考虑的事情，那时人们的注意力都放在了救助和照顾幸存者身上。但是一旦生活继续下去，着手进行重建工作和谋求长期生计时，此时保险的意义就在于使得糟糕的情况变得更可忍受些。2012 年国际清算银行研究员的分析显示，当遭受灾难时，拥有保险对于一个经济体来说是多么重要。通过对 1960 年至 2011 年期间超过 200 个国家总计 2 476 次灾后的增长状况进行分析，研究者发现，获有充分保险的灾难对中期增长影响无关紧要，甚至是促进的，因为保险索赔有助于为重建提供资金。然而，当没有保险的时候，情况完全不同：在一次“典型的”灾难中，未保险的损失导致经济产出累积下降幅度中值几乎达到 2%。

如果保险是重要的，那么保险业覆盖损失的能力也同样如此。但随着处于易受损失地区的房产数量的上升，保险业的覆盖损失能力也日益受限。尽管有飓风，人们还是不断地涌到佛罗里达州：从 1950 年至 2010 年，平均每天有 100 名新居民搬到“阳光州”的佛罗里达。据 AIR Worldwide 称，1926 年迈阿密飓风导致的损失以当时的价格计算价值 10 亿美元。而若是在今天发生的话，它将会导致 1 250 亿美元的保险损失。现在再发生一场安德鲁飓风的话，其所导致的损害会是当时的两倍。

在其他的、欠发达的市场中情况也类似。中国的房产在沿海地区的集中度只会进一步提高。供应链的全球化意味着大的损失可能越来越多地发生在不大可能的地区：2011 年最大的损失事件之一是泰国的水灾，洪水淹没了电子和汽车制造商所在的一系列的工业园。这场灾难的总索赔额估计高达 120 亿美元，这个数字令许多保险公司吃惊。而灾难损失的长期趋势斜率是向上的。

目前发行在外的巨灾债券总额大约为 200 亿美元。与许多其他金融资产相比，这个数字微不足道。例如，国际清算银行估计，2012 年全球债务证券（即债券，而不是贷款）市场的规模是 78 万亿美元。但是，有两个原因使我们会去寻求巨灾债券这一相对年轻的资产类别的发展并为之欣喜。

第一个原因是，巨灾债券执行了真正有用的功能，将风险从缺乏风险承受能力的机构转移给那些有能力的机构。这可能听起来让人感到一种令人不快的熟悉感：在 2007—2008 年危机前，将银行风险通过按揭贷款证券化分散到资本市场的理念也获得广泛赞誉。但是，巨灾债券是一个真正的风险转移工具：如果巨灾债券被触发，投资者将真的拿不回他们的投资。

第二个原因是，市场有一些内置的防护措施来避免失控的增长。增长不是坏事，但是失控的增长通常对定价有着不健康的影响。在整个金融市场中，从泡沫破裂前的按揭贷款支持证券到其后的高收益债券都是如此。如果发生了一次真正重大的自然灾害，错误定价的风险可能会导致投资者惊慌失措。这里真正重大的自然灾害是指 1 000 亿～ 2 000 亿美元的灾难，这种灾难尚未发生，但如果一场大地震直接袭击了一个大型城市的话，那就有可能发生。

尽管如此，市场不大可能非常快速地增长到太大的规模。如果市场将真正变得很大，那将存在大量的需求以及大量的供给。灾难风险并非人们想要进行投机的市场。在灾难风险的领域中，关于一场灾难发生的概率有适当的透明度，但是关于灾难发生的时间则没有透明度。即使你认为支付保费以便在发生灾难时获得赔付是值得的，但是你可能不得不等上一百年才能被证明是正确的。因此，这个市场的增长将取决于保险公司和再保险公司的需要：除非你想要对冲一场地震发生的风险，否则你不会为这场地震发行巨灾债券。尽管被保险的价值在增长，但是人们蜂拥抢购巨灾债券发行是不大可能的，这意味着为急于完成工作而在分析质量上作出妥协的可能性不大。

另一个使人们青睐巨灾债券行业的原因是支撑行业基础的建模技术。在一个致力于计算下一场自然灾害风险的世界里，从未曾有人变得自满或安逸。“巨兽总在那里。”戈登·沃愉快地说。这意味着设计的模型要深入挖掘历史记录以寻求指导。这种持久深入的观察有可能让人们发现一些出人意料的风险：公元 536 年在湖对岸的一场巨大岩崩塌导致了一场海啸，从而摧毁了目前为日内瓦所占据的地方。

然而，仅仅回顾过去还不够。顾名思义，史上最严重的灾难都是在发生时史无前例的。沃认为，你需要深入灾难结构性原因的内部，以了解那些在过去不曾发生的事情将有多大可能在未来发生。例如，他曾参与过为摩纳哥地震风险的建模，尽管这个地方过去没有遭受过这样的损失。保险公司仍然想知道发生地震的概率有多大。摩纳哥集中着大量非常昂贵的房产，并且这些房产都是建在斜坡上的，因此如果一所房子倒塌，很可能会产生其他房子倒塌的雪崩效应。通过查看所有可能的地震震中以及所有似乎可能的震级，沃可能会获得一个答案。他认为这种类型的方法——设想最坏情况可能发生的方式——能够被应用于金融本身。例如，在 2007—2008 年之前的时期，金融体系面临的灾难风险是美国出现全国性的房地产衰退。大多数金融模型对这个风险不予理会：它们关注的近期数据显示，有发生地区性房地产衰退的潜力，但尚无发生全国性的房地产衰退的可能。相比之下，像沃这样的人不会在意上一次的全国性衰退已经过去了多久，甚至不在意是否发生过全国性衰退。他关注的是弄懂房地产崩盘怎样才可能发生以及它可能变得有多糟糕。

为了更详细地了解沃所采取的步骤，让我们把注意力从自然灾害转向另一种类型的“高峰风险”——一种致命的流行病的风险。高峰风险闻如其名：突发的事件导致损失的剧增，大到足以威胁作为后盾的保险公司和再保险公司的偿付能力。流行病无疑符合这一类别。

| 流行病风险建模 |

算出一种流行病的概率和可能的影响看起来像是徒劳无功的傻事。自然灾害可能看起来是随机的，但至少是有足够规律的，使得模型能够根据大量历史数据得出结论。相比之下，自从 1918—1919 年的“西班牙流感”在一年多的时间里，造成了估计 4 000 万 ~ 5 000 万人丧生以来，世界尚未遭受真正致命的流行病的打击。与流行病相比，像地震这样的灾难发生是非常快速的；额外的时间增加了流行病可能传播路径的数量。然而决定自然灾害可能导致损害的变量是相对有限的，流行病的影响更容易受到人类干预的影响——不论是生产针对一种病毒的疫苗，还是实施隔离措施。2014 年期间，埃博拉病毒在西非的爆发扩散的过程中隔离措施就实施得太迟了。

沃该如何应对这种不确定性的屏障呢？他的基本方法与对诸如地震和飓风等事件建模一样。他的公司通过综合七层风险的不同假设，创造了巨大的随机生成的流行病。要考虑的第一个风险是流行病发生的概率，包括西班牙流感，有很多数据可以利用。例如，在 1700 至 1900 年之间，估计就发生了九次流感大流行，但是没有一种模式能让人们对下一场流行病可能到来的时间作出明智的预测。因此，RMS 也依靠专家来估算病毒特性突变的频率，而这种突变能使病毒成功地躲避人类免疫系统的抵御。

在算出一种新型病毒出现的概率后，下一步是关键的一步：算出它会带来的危害。这一计算归根到底就是两个参数：传染性（也就是说，一种病毒能够传播得多快）以及致病力（也就是说，它会导致多少被感染的人口死亡）。根据所有这类特征中的每一类，该模型将可能发生的流行病归类于七类传染性中的一种和六类致病力中的一种。这意味着这些参数有 42 种可能的组合，其中一些在现实生活中从未被观察到。

在极端情况下，你可以假设 100% 的传染性和 100% 的死亡率，这样的流行病会消灭每一个人。由于这样大致也会消灭保险公司和再保险公司，因此，假设这类流行病没有多大意义。而且，在实践中，这两个特征之间会呈负相关：一种病毒的传染性越强，它在能够进一步传播之前，杀死它的寄主的可能性就越大。分析显示，在西班牙流感期间，被感染的人的死亡率只有大约 2.5%。2014 年，埃博拉病毒爆发的死亡率差不多高 60%~70%。

如今，该模型有办法估计出新病毒产生的频率并确定一系列决定病毒致害潜力的特征。下一步是模拟流行病在特定人口中的传播途径（像巨灾债券一样，即防范在特定国家风险的所谓超额死亡率债券）。这涉及另外一组计算，而其中的顾虑之一是人口统计特征。年纪大小对与他人接触的频率至关重要：年轻人比老年人与更多的人接触，这将影响病毒能够扩散的速度。年龄也对易感染程度有所影响，虽然不同年龄对不同流行病的易受感染程度各有不同。通常来说，老年人更易面临流感的风险。但是，在 1918 年，近乎一半的死者是年龄在 20 至 50 岁的年轻人（主要是男性）。一种基于对受害者的组织样品的研究认为，西班牙流感所涉及的流感类型触发了某种叫做“细胞素风暴”（cytokine storm）的现象。细胞素风暴是免疫系统的一种危险的过度反应，在年轻人身上更为常见。

之后，RMS 的模型对流行病从何处开始爆发作出了一系列的假定：病毒是从城市还是从农村开始，这对于病毒的传播是有重大影响的。这个模型也会考虑到当局对流行病爆发所做出的应对能力，这意味着完成各种各样能够被引入的对策以降低疾病的传播：可以实施旅行限制，可以关闭学校等。这也意味着为受影响地区预防接种计划的潜力建模，不过沃目前假设在流行病开始爆发的 6 个月之内无法开发出适当的疫苗。这对于 RSM 模型所做出的有关某种流行病席卷特定人口速度的最终估计至关重要。

这个模型目前设有大量的假设，将其综合到一起来“制造”出一种流行病并模拟其在人群中的传播路径。但制造一种流行病并不是该模型的目的：建模的初衷不是为了预测，而是测算概率。因此，该模型随机地赋予特征，以创造出数千种不同的模拟：某种非常知名的流行病的传播可能会受到学校停课的抑制；某种流行病具有高度的传染性并在一个国家人口最稠密的地区开始传播；某种流行病杀死了它所感染的所有人，但是自身也会被迅速耗尽。这种随机化的、重复的建模生成了由万种流行病组成的“事件集”，其中每一种都有可能产生一个可怕的数字：它所能致死的数量。

|量化灾难损失发生概率的方法|

沃的下一个任务是将存在于该模型中的所有模拟转化成可以量化这些损失发生概率的数据。他所采用的方法是构建“超越概率曲线”。上述万种模拟再根据各自导致的死亡数量以及它们因此会造成的损失来进行排序。从这些数据中，RMS 能够推断出一条曲线，展示可能的流行病的全部范围，该曲线显示了在任何一年中流行病发生的可能性以及流行病可能造成的损失。图 9—1 是一条程式化的超越概率曲线的示例。

超越概率曲线是提取发行者和投资者真正需要的信息的一种方法：在任何一年中，超过预期死亡率的具体额外死亡数量的概率。有了这些数据，评级机构就可以给予一个完全等同于公司债券违约概率的评级。这个评级进而有助于为市场上的债券定价设定一个框架。

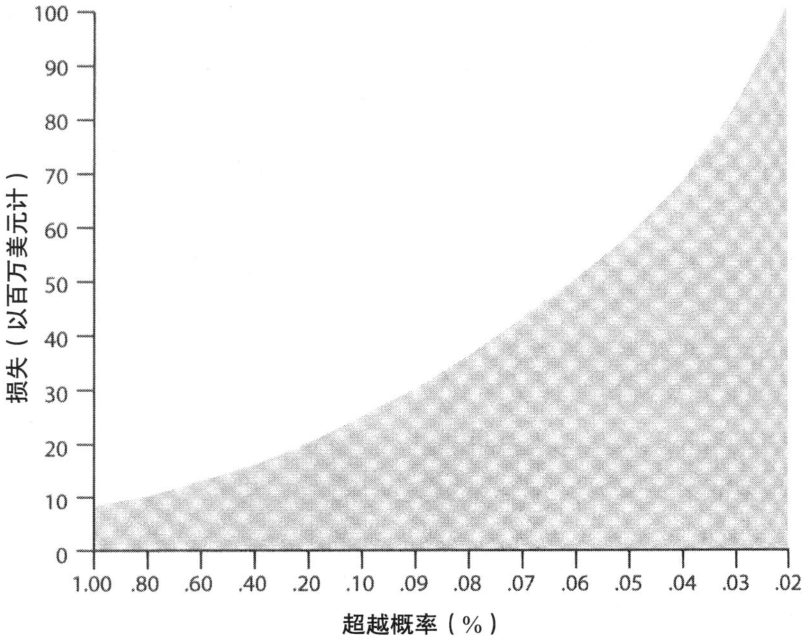

图 9—1　超越概率曲线示例

|灾难风险建模对金融业的启示|

我们现在转向沃的断言，沃称自己为灾难风险建模的方法能给金融的其他部分带来可循的经验。他的方法是钻研事件的结构原因并精准地聚焦于极端风险。这显然不是在这场危机之前人们思考美国住房市场的方式。

我们在本书第 2 章中已看到在使按揭贷款支持证券投资者确信风险非常低时，AAA 信用评级是多么重要。事实上，作为对这些金融工具违约可能性的一种判断，AAA 标准的表现比你认为的可能要好。一项源自次贷危机的惊人统计来自朴善英的一份很少被报道的分析，朴善英目前是韩国先进科技学院（Korea Advanced Institute of Science of Technology）的助理教授。她分析了 2004—2007

年期间在美国发行的按揭贷款支持证券的次贷系列产品——不是债务抵押证券（CDO），而是证券化链条的前一阶段——的实际表现，并考察了实际上是如何遭受损失的。这段期间总计发行了 1.1 万亿美元的 AAA 评级的次级 MBS 系列产品，Park 确定截至 2013 年 8 月，这些债券的损失金额达 26 亿美元，这相当于只损失 0.24%。在某个层面上，证券化的机制的确奏效了。

别担心，你没有在想象金融危机。信用评级较低的系列产品的违约率大大高于其应有的值：Park 的分析显示，AA 评级档的损失百分比为 37%，A 评级债务为 56%，BBB 评级档则高达异常的 69%。按相对价值来说，评级奏效了，但是在信用质量方面，这些结果完全是有问题的。作为比较，据评级机构之一的标准普尔称，2008 年在所有美国公司债中，BBB 或更高的“投资级”评级的违约率仅有 0.73%。那些被降级的债券数量也是相当地惊人：不到 20% 的初始 AAA 评级到 2011 年 2 月仍然保持同样的评级。

所有这些因素所造成的影响令这些金融产品的投资者惊慌，其中包括那些通过回购市场和其他渠道而在 AAA 评级抵押品中暴露的投资者。尽管 AAA 评级确实是对违约概率进行评估，但要记住的是，其作为安全标志的重要性更大。毕竟，这与被贴在诸如美国和德国等国家债务上的标签是一样的。尽管主权国家可以通过加税和（对于本币债务）印钞来偿付它们的债务，但国家与结构性产品的发行者之间的巨大差异却被遗忘了。在投资者心中，尽管 AAA 评级仅仅意味着没有担心的必要，但当担心真正来临时，对他们而言就犹如巨大的冲击。即使那些保持平静的资产管理人也往往被迫卖出所持有的评级被下调的债务，因为他们获得的授权要求他们只能投资于那些高于某一评级的资产。因此，尽管有关证券并未大量违约，但人们在价格下跌后的抛售仍导致了巨额损失。

对于最高评级档债务的认知与现实之间的差距，仍然大到足以产生巨大的损失，但是这种差距并非深渊。债务抵押证券（CDO）则是与此完全不同。

CDO 是由许多在普通资产支持证券中风险较大的层级构成的。CDO 被认为受益于分散化：从不同按揭贷款支持证券中抽出的按揭贷款应该有不同的表现，而不是同时遭受崩溃。这就是为什么 CDO 在由较低评级档组成的按揭贷款支持证券下，其优先档仍能够拥有 AAA 评级。2007 年，高盛承揽的次级按揭贷款 Abacus，是由 90 种 Baa2 评级的按揭贷款支持证券组成。Baa2 评级是穆迪的一种评级，相当于标普的 BBB 评级：这两种评级都处在信用评级机构称为投资级债务中的最低级，比镀金的 AAA 评级低若干档。然而从这些较低评级中产生的 CDO 中，却有 79% 是 AAA 级。

我们现在知道导致这种“点金术”的建模假设是完全有缺陷的。评级机构既基于对历史违约率的考察，也通过运行模型计算 CDO 不同成分之间的相关性得出它们的结论，即如果一个出问题，那其余的不会出问题的思路。行业对 CDO 估值标准的特定模型——高斯相依模型（Gaussian copula）——是基于最初考察丧偶者存活率的数学研究。一位丈夫或者妻子的死亡日期受到他们何时丧偶的影响，这一现象被称为“心碎综合征”。一个模型设法捕捉了这两个时间之间的相依性，该模型被用来为保险中的共同年金定价，并为计算一系列按揭贷款违约伴随着另一系列贷款违约的概率提供了灵感。

这与机构过去行事的方式有着天壤之别。“我们过去常常以一种主观方式来考察可能的最坏损失，”三大评级机构之一的一位前雇员说，“如果失业率达到大萧条时代的水平，我们可以假设违约率跳升到 4%，以及房价在银行取消赎回权并卖出后贬值 50%。那就是我们如何得到 AAA 评级的按揭贷款需要 8% 的信用提升的原因。这不是科学的。我们只是试图表达 AAA 评级像美国政府一样安全，BBB 级则像墨西哥一样，而不是 AAA 评级有 X% 的违约概率。”

这是大数据的悖论：一种试图更为严密和更加受数据驱动的方法所产生的结果有被不加怀疑地接受的倾向。“从长远来看，部分问题来自以下两个方面：

运算能力以及认为市场有效性的“格林斯潘共识”（以美联储前主席艾伦·格林斯潘的名字命名），这位前雇员表示道：“金融行业能够以其此前无法做到的方式将信息反复地分析整理。信息是能够获得的，这意味着市场可以正常运行。人们认为信息不对称是个问题，如今这个问题已经得到解决了。所有人都认为他们能够为风险定价。这都是幻觉：你必须知道你关注的是什么。”

机构——以及行业作为一个整体——当初应当关注的是美国房价出现全国性衰退的概率。证券化是一种依赖分散化的技术，这意味着它无法存活于影响资产池中的每一元素的系统性事件。就美国的按揭贷款市场而言，灾难风险是全国性房产市场的崩盘。房地产崩盘是全球各地金融危机的恒久原因。美国的历史是一部房地产繁荣和萧条的历史：住房和土地的价格在飙升之后有下跌的倾向，这已不是秘密。美国能够建造越来越多住房的能力是一个相当基础的信号，说明房价不应当太过失控：得克萨斯州可以容纳美国的全部人口，使平均每个家庭拥有超过 1 英亩的土地。

由于各种原因——缺乏想象力、过度的利己主义、运用简化的假定和启发式，以及全国住房市场的长期平静期——作为按揭贷款体系基础的那些模型没有足够久远地回顾历史数据，以考虑最坏的情况，更不要说超越最坏的情况；那些模型没有给予系统性事件足够的权重，系统性事件使得一切都同向而动，从而导致相关性建模多此一举；那些模型没有触及导致大厦倾覆的问题。总之，这些模型没有足够密切地考察极端事件。“你不能从 B 评级中创造出 AAA 来，”一家评级机构的前结构性金融负责人说，“在一次 B 级的金融衰退中，它们全都会违约。”

对于像按揭贷款支持证券这样的产品，对尾部更为严密的审查尤其重要，原因有二：第一，它们是结构化的产品；第二，它们涉及信用风险。这两者都会产生更多的危险。公司金融与结构化金融有所区别，公司金融是为公司融资，结构化金融是为诸如飞机、船舶、住房和项目等融资。当企业融资时，它们可以直接发行债务和权益；当为项目融资时，一个新的实体需要建立，以便发行债务和权益。这家新企业用上述资产所产生的现金流偿付其投资者。例如，对于飞机来说，是用租赁付款来偿付的，或者，对于住房来说，是用按揭贷款还款来偿付。这种差异是至关重要的。一笔公司金融交易可以利用现有的分析师和评级机构的基础设施以及财务报告和账户的历史。而对于结构性金融，则有更多跑腿的事情要做：必须创立一家公司；必须从零开始进行分析；必须进行投资者教育。这放慢了事情的进展。但是这也增加了做出大错特错的假设的风险。

当涉及借款者债务违约的“信用风险”时，错误假设更为要紧。金融行业中其他大多数的风险是变动性的：利率、汇率或股市上升或下跌的方向和速度。而信用风险更多的是一个未付款的事件。信用风险更有可能迅速演变为现实并令人措手不及。信用违约互换的卖家确保买家免受特定借款者的违约风险，他们更有可能因为突然触发的事件而有偿付的债务。如果这些债务中大部分被同时触发，保险的提供者可能无法承受，这种现象被称为“违约突增风险”（jump-to-default risk）。信用有一种特性需要人们更多的关注。

所有这些说明沃所实践的那类灾难风险建模，确实能够为评估金融风险提供某些重要的东西。但这并不意味着应当将其封为偶像：任何模型都可能是错误的，并且金融风险会带来一些非常独特的挑战。沃建模事件的概率取决于外在因素——那些在模型本身之外的东西——而金融市场的主要问题之一是“内生性”，即那些在体系之内生成的变化。进入巨灾债券业资金的数量并不会影响地震发生的概率。相反，进入房地产市场资金的数量对所导致崩盘的概率和规模是有因果影响的。正如我们在本书第 2 章所看到的那样，仅仅通过从事其业务，金融就创造了新的风险。

然而，一个愿意深入钻研风险的结构性原因并聚焦于极端场景的方法将会受到追捧。对于保险公司来说，这并不完全是一种新的思考方式，但是它在金融的许多方面是不同寻常的。在光景好的时候，银行家和资产管理人——以及借款者——都相当害怕思考最糟糕的情况。监管者也有被长期的平静期麻痹而自鸣得意的倾向。金融创业者有许多可以探索的途径，使金融免受自身的损害便是其中之一。

结语

Smart Money
How High-Stakes Financial Innovation is Reshaping Our World—For the Better

金融业在未来将产生巨大善意

任何为金融辩护的人都必须承认金融内在的缺点。金融活跃的思维在创新、实验、实施标准化和追求机会的方式上，有一种具有破坏性的推理模式。即使是一个由圣人所构成的金融业，也有走向过度的倾向，而金融业是一个缺乏光环的行业。金融能使人脑海中立即浮现出来的词——奖金、鲁莽、贪婪、恶棍、贪婪的混蛋——绝对是这个行业大事记中的一部分。

这个行业也是创造性思维应付巨大问题的发源地。金融既是大型银行也是富有远见的创业者的乐园。这里有作为交易中介的金融机构坐收渔利，也有初创企业试图运用科技和大数据的力量使买家和卖家直接建立联系。许多人将2007—2008年危机看作是对创新实验的警告。但我们所熟知的、让人麻痹的错误——房地产价格的上涨、高信用评级等——才是使我们陷入混乱的真正原因。更糟糕的是，这些依然还在继续诱惑着我们。一个为富裕家庭提供按揭贷款的体系并不是债台高筑的西方社会所需要的，但是这样的体系是我们的本能所拥抱的。

本书已经直面了各式各样要解决的问题：我们中有太多的人因为癌症而过早离世；很少有人会为退休准备了充足的储蓄；国家需要将其支出更有效地与

结果挂钩；在房地产和学生债务的领域需要更多的权益融资；在美国的次级贷款繁荣与萧条之后，将信贷引导到那些处在这个体系边缘的人们，是一个更为紧迫的问题。

正如我们已经看到的那样，金融创新者在努力克服这其中的每一个挑战——以及其他更多的挑战。创立碳市场作为为碳排放定价的一种机制就是一个例子。水的短缺是另一个巨大的、全球性的问题。作为一种资产，水既不纯净，也缺乏流动性。不仅没有对水的交易，还存在着大量的补贴。水的全球价格不存在，但是对水的需求是巨大的和增长的。预计到 2050 年，世界人口将超过 90 亿人，世界人口的增长意味着每年对淡水的需求会增加大约 64 亿立方米。淡水是一种有限的资源。没有为水——尤其是农业用水——定价的方法，就没有显而易见的机制实施消费配给，或者提高效率来作为对这种饥渴的应对。金融将找到一种方法来计算这个价值。

在本书的结尾，我希望这样的前景听起来并不像本书开头时所描述的那么令人不安。当有关毕业生进入金融服务业比例的数字发布时，人们通常的反应是对于我们最聪明的年轻人而言，其他行业就应该是他们更具创造力的归处。但是他们在其他的行业真的更有作为吗？罗伯特·席勒（Robert Shiller）在他的书《金融与好的社会》（*Finance and the Good Society*）中援引的一项统计数据显示，2002 年美国的劳动力中的 19.7% 从事某种形式的守卫活动，这并没有什么明显的社会效用。

金融创新在过去已经为社会作出了巨大的贡献，金融创新也准备好了继续这样做。事实上，2007—2008 年的危机已经使得金融更有可能既有创造力，也有建设性。金融创新者有机会重新思考一个比过去更加受约束、更加谨慎和更有成本意识的行业。金融创新者也能够更容易地吸引资本。例如，流入欧洲金融科技公司的风险资本金，自互联网时代以来从没有像现在这样高。

这不是对金融自鸣得意。增长和贪婪能够扭曲好的创意。但是当下一次金融危机来临时，我确信它将起源于一个已经成熟的市场，或许是房地产，其中的主流投资者和利润追求最大化的机构依然会再度冲昏头脑。监管者必须在对那些可能导致真正经济损害的风险的警惕，和对能够产生真正益处的理念的宽容之间实现平衡。我相信，由于我们在本书此前章节中所见到的那些创业者和创新者，金融业将在未来的年代里产生巨大的善意。下一次如果有人说金融除了使银行富有以外一无是处，那请务必想一想这些创业者和创新者。

术语表

Smart Money

How High-Stakes Financial Innovation is Reshaping Our World—For the Better

金融业可能让人感觉不可理解，部分原因是其所运用的专业术语的数量。在本书中，我自始至终尽力运用日常的语言，但是对于非金融专业的读者，以下是有关本书中重复出现的一些术语的快速指南。

逆向选择（Adverse selection）：是指一种产品或一个市场，尤其是在保险行业的，吸引更高风险的客户的倾向。

基差风险（Basic risk）：本来期望资产的价格和风险彼此抵销，即在两者中，一个上升将导致另一个的下降，但是资产的价格和风险并没有如预期的那样表现，从而导致一种对冲策略将无法奏效的风险。

债券（Bond）：由企业或者政府发行的一种借据，这种借据使得放款者有权收回他们最初的资金（或本金）以及以利息偿付的形式的收入。因为债券为投资者提供固定回报，债券被称为固定收益资产。像贷款一样，债券是一种债务形式。与贷款不同，债券是高度可交易的，债券的所有权是非常分散的。

清算所（Clearinghouse）：在金融交易中，清算所站在买家和买家之间，旨在降低对手方的风险。当一张未经清算的衍生品合约进入清算所时，它被一分为二：买家与清算所之间的一张合约，以及与此匹配的卖家和清算所之间的一张合约。

抵押品（Collateral）：借款者提供的在发生违约时保护其债权人的抵押物。按揭贷款的抵押品是提供该按揭贷款所基于的房地产。那些没有与之相关的任何抵押品的贷款被称为无抵押贷款，并将具有较高的利率。在衍生品交易中，随着特定合约价值的上升和下降，可以要求更多的抵押品（或者"保证金"）。

债务抵押证券（Collateral-debt obligations，CDO）：证券化过程中，在创立了资产支持证券之后，接下来是债务抵押证券（CDO）。CDO是由许多普通的资产支持证券的风险较高的层级组成的金融工具。CDO被分成不同的层级：在最近的美国房地产繁荣中，按揭贷款支持证券的CDO的最高层级被给予了高评级，因为整个资产池中的所有不同的按揭贷款的表现被认为实现了分散化。

对手方风险（Countparty risk）：合约中的另一方将不履行其义务的风险。在一笔利率互换中的对手方风险是指该互换的当事方中的一方将不付款。

信用违约互换（Credit-default swap）：信用违约互换是针对债券发行者违约的风险的一种形式的保险。

信用评级（Credit rating）：信用评级机构对债务人的信誉度的一种评估。评级为投资者所广泛使用，并被纳入到国际规则中，包括那些有关银行必须运用多少权益来为其自身融资的规则。

衍生品（Derivatives）：一种金融工具，其价值衍生于另外的基础资产或权益。

权益（Equity）：权益是资本结构中风险最大的，权益是所有者在一项资产中的利益。权益投资使得权益持有者有权利获得在偿付完债务之后所剩下的任何东西。权益也首先承受任何的损失。

期货（Futures）：一种以确定的价格在一个确定的未来日期买进或卖出一项资产的合约。期货合约在交易所交易；远期合约与期权做同样的事情，远期合约是私人的、“场外的”协议。

对冲（Hedging）：一种投资策略，旨在通过持有一种资产的头寸来抵销另一种资产的价格波动。农场主可以通过期货市场来为他的收成锁定价格，使自己防范市场价格急剧下跌。

高频交易（High-frequency reading）：一种交易策略，其特征是速度极快。高频交易者执行从跟随短期价格趋势到做市等多种投资方法。

信息不对称（Information asymmetry）：是由当一方当事人对一笔交易的了解比另一方当事人多时所产生的。例如，那些过往记录很短的公司或者寻求投保健康保险的人，对于他们自身的境况的了解，通常好于潜在的权益投资者或者一家保险提供者。

杠杆（Leverage）：是指借款者所持有的债务的规模相对于权益的比值。如果一家银行有 5% 的权益，那么它的杠杆率是 20 比 1。杠杆放大了价格向上或向下波动的影响。这个词语也被用于当投资者通过买进衍生品而获得了比其在仅仅购买基础资产的情况下对价格波动的更大的风险暴露。

流动性（Liquidity）：轻易地买进和卖出资产的能力。流动性强的资产，诸如权益和政府债券，能轻易地被交易。流动性差的资产，诸如房地产，则不能轻易地被交易。

期限转换（Maturity transformation）：一家银行借款的期限比其将钱借出的期限短的过程。期限转换的一个例子，是当能够被立即提取的存款被用于为能够持续数十年的按揭贷款提供资金时。

期权（Options）：是一种合约，给予合约的所有者以议定的价格买进或卖出一种资产的权利，而非义务。买入期权（call option）赋予了买进的权利，卖出期权（put option）赋予了卖出的权利。

私募股权（Private equity）：是一种资产类别，资产管理者通常持有未上市的公司的大量股权，其目标是在若干年之后卖出并获利。私募股权投资公司近年来已经拓宽了它们的投资领域，它们现在参与其他领域，诸如资产管理、放款以及对冲基金的投资。

回购协议［Repurchase（repo）agreement］：一种短期贷款的形式，借款者卖出证券并同意在未来的某个日期以略高一些的价格将这些证券买回。这些证券通常作为在发生借款者违约的情况下的抵押品。

证券化（Securitization）：将许多产生不同收入的资产捆绑在一起，形成一种单一的债券或证券的过程。例如，住房按揭贷款支持证券采用由许多不同的房主所做出的按揭贷款偿付，并将这些资金传输给投资者。其他被证券化的资产包括信用卡应收账款、小汽车贷款、公司贷款、音乐版税，以及烟草和解协议费。这些资产支持证券之后被分解或分层，以便它们有一个“权益投资者在底端，债务投资者在顶端”的资产结构。

风险投资（Venture capital）：对于处在早期阶段的公司股权投资的一种形式。

译者后记

Smart Money

How High-Stakes Financial Innovation is Reshaping Our World—For the Better

近年来，经常有人说这样一种套路的话，“XXX 的本质是 XX”。比如，互联网金融的本质是金融。

这些话似乎都没错。但是，这些话还不完美，原因是没有继续追问下去。既然互联网金融的本质是“金融”，那么，“金融”的本质，又是什么呢?

《金融创新：重塑未来世界的智财》一书就是深入思考金融的本质，乃至挖掘和阐释金融创新的本质，以寻求通过推动更多更好的金融创新来使世界变得更美好。

金融面对的是在信息不对称的世界里如何处置风险，金融创新就是不断寻找更高效的代价更低的手段来应对信息不对称，完善对风险的处置。

风险可以被分析，被汇总，被评判，被打包，被拆分，被转移，被放大，但是风险始终不会消失。金融创新，如果搞得不好，不但没有更好地分散风险，反而可能人为造成风险集聚，加大系统性风险。这是需要警惕的。

另一方面，如果因为害怕风险就不敢创新，如果因为厌恶金融的逐利性就对金融创新畏首畏尾，也是不可取的。金融需要的是探索，在可承受的范围内不断试错，而不是直接贴标签，接受这个，排斥那个。

《金融创新：重塑未来世界的智财》写的大都是国外的事情。在中国的当下，金融承载着更大的负荷，金融既是普通人发财致富的希望，也是国家改革开放和稳定发展的重要依托。正因为金融重要，人们需要更多地了解这个领域的发展和前沿的东西。

在中国当下，金融领域还有一个始终非常重要的课题，就是金融如何更好地为实体经济服务。普惠金融也是一个要重点发展的方向。

从《金融创新：重塑未来世界的智财》这样的书中多了解国外的经验教训，有助于中国人更理性地分析融资难、融资贵的问题，寻找适合中国特点的金融创新的方向，使得金融更多地为普通人造福。

译者从翻译这本书中学到了很多东西，非常希望这本书能早日问世。译文如有瑕疵，欢迎读者批评指正。

北京阅想时代文化发展有限责任公司为中国人民大学出版社有限公司下属的商业新知事业部，致力于经管类优秀出版物（外版书为主）的策划及出版，主要涉及经济管理、金融、投资理财、心理学、成功励志、生活等出版领域，下设“阅想•商业”“阅想•财富”“阅想•新知”“阅想•心理”“阅想•生活”以及“阅想•人文”等多条产品线。致力于为国内商业人士提供涵盖先进、前沿的管理理念和思想的专业类图书和趋势类图书，同时也为满足商业人士的内心诉求，打造一系列提倡心理和生活健康的心理学图书和生活管理类图书。

阅想•财富

《索罗斯传》（白金珍藏版）

- 他似乎拥有控制市场的超级能力！某种商品或货币的市场价格会随着他的言论上升或下跌！
- 他的一生毁誉参半。他到底是“市场驱动者”，是“金融界的超级明星”，还是“投机客”？他到底是投资界的“魔鬼”，还是悲天悯人的“慈善家”？为什么他又自诩为“金融哲学家”“无国界的政治家”？
- 罗伯特•斯莱特将引领我们进入这位大师的思想深处，让我们看到一个真实的索罗斯。

《巴菲特投资圣经：价值投资的 24 条黄金法则》

- 浓缩了巴菲特朴素而富有哲学性的价值投资智慧，要了解巴菲特，读这本书足矣。
- 即使没有专业人士的帮助，任何人只要读完本书，也完全可以成为一个价值投资者。

《如何在股市中挣到 100 万：长线投资金龟法》

- 英国排名第一的私人投资家，拥有半个世纪投资经验的长线投资大师约翰·李爵士倾力传授长线投资智慧。
- 手把手教你如何在熊市不亏、牛市大赚的秘诀。

《柯氏股票投资心经：盈利趋势跟踪技巧与工具》

- 技术分析领域第一宝典《经典技术分析》的作者全新力作。
- 集 50 年心血之大成的高校股票投资绝招，让你在股市中认清事实，找到投资方向，从故事中真正赚到钱。

阅想·商业

《共享经济商业模式：重新定义商业的未来》

- 欧洲最大的共享企业 JustPark 创始人倾情写作、国内外共享企业大咖联袂推荐。
- 首次从共享经济各个层面的参与者角度、全方位深度解析人人参与的协同消费，探究共享经济商业模式发展历程及未来走向。

《精益创业：打造大公司的创新殖民地》

- 微软精益创业培训，湖南卫视专题报道，北大创业营推荐。
- 埃里克·莱斯精益创业理念的落地与实践。
- 帮助企业消除内部创新的“绊脚石”，释放企业创新创业的无限可能。

Smart Money: How High-Stakes Financial Innovation is Reshaping Our World—For the Better by Andrew Palmer.

ISBN: 978-0-465-06472-4

First published in 2015 by Basic Books.

Pulished by arrangement with Basic Books through Bardon-Chinese Media Agency.

图书在版编目（CIP）数据

金融创新：重塑未来世界的智财 /（英）安德鲁•帕尔默著；郭杰群，草沐译 .—北京：中国人民大学出版社，2016.7

书名原文：Smart Money : How High-Stakes Financial Innovation is Reshaping Our World—For the Better

ISBN 978-7-300-22945-4

Ⅰ . ①金… Ⅱ . ①安… ②郭… ③草… Ⅲ . ①金融风险—风险管理—研究 Ⅳ . ① F830.9

中国版本图书馆 CIP 数据核字 (2016) 第 119425 号

金融创新：重塑未来世界的智财
[英] 安德鲁•帕尔默 著
郭杰群 草 沐 译
Jinrong Chuangxin : Chongsu Weilai Shijie de Zhicai

出版发行	中国人民大学出版社		
社 址	北京中关村大街 31 号	**邮政编码**	100080
电 话	010-62511242（总编室）		010-62511770（质管部）
	010-82501766（邮购部）		010-62514148（门市部）
	010-62515195（发行公司）		010-62515275（盗版举报）
网 址	http://www.crup.com.cn		
	http://www.ttrnet.com（人大教研网）		
经 销	新华书店		
印 刷	北京联兴盛业印刷股份有限公司		
规 格	170mm×230mm 16 开本	**版 次**	2016 年 7 月第 1 版
印 张	15.25 插页 2	**印 次**	2016 年 7 月第 1 次印刷
字 数	197 000	**定 价**	55.00 元